全—本—全—注—全—译

弟子規 太上感應篇

十善業道經

〔清〕李毓秀 等著

中华文化讲堂 注译

团结出版社

图书在版编目（CIP）数据

弟子规、太上感应篇、十善业道经 / (清) 李毓秀等著；中华文化讲堂注译.
—北京：团结出版社,2016.11

（谦德国学文库）

ISBN 978-7-5126-4609-4

Ⅰ.①弟… Ⅱ.①李…②中… Ⅲ.①古汉语—启蒙读物②道藏
③大乘—佛经④《弟子规》—译文⑤《弟子规》—注释⑥《太上感应篇》
—译文⑦《太上感应篇》—注释⑧《十善业道经》—译文⑨《十善业道经》
—注释Ⅳ.①H194.1②B951③B942.1

中国版本图书馆CIP数据核字(2016)第266605号

出版：团结出版社

（北京市东城区东皇城根南街84号 邮编：100006）

电话：(010) 65228880 　　65244790 （传真）

网址：www.tjpress.com

Email：65244790@163.com

经销：全国新华书店

印刷：北京天宇万达印刷有限公司

开本：148×210 　1/32

印张：5.75

字数：135千字

版次：2017年2月 第1版

印次：2021年9月 第6次印刷

书号：978-7-5126-4609-4

定价：30.00元

《谦德国学文库》出版说明

　　人类进入二十一世纪以来，经济与科技超速发展，人们在体验经济繁荣和科技成果的同时，欲望的膨胀和内心的焦虑也日益放大。如何在物质繁荣的时代，让我们获得内心的满足和安详，从经典中获取智慧和慰藉，或许是我们不二的选择。

　　之所以要读经典，根本在于，我们应当更好地认识我们自己从何而来，去往何处。一个人如此，一个民族亦如此。一个爱读经典的人，其内心世界必定是丰富深邃的。而一个被经典浸润的民族，必定是一个思想丰赡、文化深厚的民族。因为，文化是民族之灵魂，一个民族如果不能认识其民族发展的精神源泉，必定就会失去其未来的生机。而一个民族的精神源泉，就保藏在经典之中。

　　今日，我们提倡复兴中华优秀传统文化，当自提倡重读经典始。然而，读经典之目的，绝不仅在徒增知识而已，应是古人所说的"变化气质"，进一步，是要引领我们进德修业。《易》曰："君子以多识前言往行，以蓄其德。"实乃读经典之要旨所在。

基于此理念，我们决定出版此套《谦德国学文库》，"谦德"，即本《周易》谦卦之精神。正如谦卦初六爻所言："谦谦君子，用涉大川"，我们期冀以谦虚恭敬之心，用今注今译的方式，让古圣先贤的教诲能够普及到每一个人。引导有心的读者，透过扫除古老经典的文字障碍，从而进入经典的智慧之海。

作为一套普及型的国学丛书，我们选择经典，不仅广泛选录以儒家文化为主的经、史、子、集，也将视野开拓到释、道的各种经典。一些大家所熟知的经典，基本全部收录。同时，有一些不太为人熟知，但有当代价值的经典，我们也选择性收录。整个丛书几乎囊括中国历史上哲学、史学、文学、宗教、科学、艺术等各领域的基本经典。

在注译工作方面，版本上我们主要以主流学界公认的权威版本为底本，在此基础上参考古今学者的研究成果，使整套丛书的注译既能博采众长而又独具一格。今文白话不求字字对应，只在保证文意准确的基础上进行了梳理，使译文更加通俗晓畅，更能贴合现代读者的阅读习惯。

古籍的注译，固然是现代读者进入经典的一条方便门径，然而这也仅仅是阅读经典的一个开端。要真正领悟经典的微言大义，我们提倡最好还是研读原本，因为再完美的白话语译，也不可能完全表达出文言经典的原有内涵，而这也正是中国经典的古典魅力所在吧。我们所做的工作，不过是打开阅读经典的一扇门而已。期望藉由此门，让更多读者能够领略经典的风采，走上领悟古人思想之路。进而在生活中体证，方能直趋圣贤之境，真得圣贤典籍之大用。

　　经典，是一代代的古圣先贤留给我们的恩泽与财富，是前辈先人的智慧精华。今日我们在享用这一份财富与恩泽时，更应对古人心存无尽的崇敬与感恩。我们虽恭敬从事，求备求全，然因学养所限、才力不及，舛误难免，恳请先贤原谅，读者海涵。期望这一套国学经典文库，能够为更多人打开博大精深之中华文化的大门。同时也期望得到各界人士的襄助和博雅君子的指正，让我们的工作能够做得更好！

团结出版社

2017年1月

前 言

说起中华文化，最核心的无过于儒释道三家。儒道是中国的本土文化，佛家自东汉时期传入中国，逐渐和儒、道融合为一体，成为中华主流文化的一体三面。

儒家的经典，最早可以上溯到《易经》，之后到春秋时期，经过孔子的整理，形成了"六经"，战国时期，经由孟子的继承、发展，儒家文化更加兴盛。秦始皇焚书坑儒，经典被焚烧，儒生被杀，但是，文化并没有因此灭绝。汉朝兴起后，尤其到汉武帝的时候，汉武帝听从董仲舒的建议："罢黜百家，独尊儒术"，儒家从此成为中国帝王尊崇的正统学术。到了唐朝，唐太宗令魏徵等人编撰《群书治要》，这部堪称后世类书的鼻祖，分为"经、史、子"三部分，前面"经"的部分，选入的就完全是儒家经典。贞观年间，唐太宗命令孔颖达作《五经正义》，正式将五经列为科举考试的教科书。到了宋朝，朱熹取《礼记》中的《大学》《中庸》和《论语》《孟子》合编为"四书"，国家以此作为科举必读，从此，"四书五经"成为天下读书人之必读书，这种风气一直沿袭到清末。

对于儒家经典的汇集，自唐以后，历代都有编撰，尤其以明朝永乐年间编撰的《永乐大典》和清代乾隆年间编辑的《四库全书》为最。可以说是儒家文化的大宝库。可惜的是，《永乐大典》已经大部分毁灭于战火。幸好《四库全书》依旧流传至今，印行海内外，成为中华文化的瑰宝。

道家文化的源头，也可以追溯到《易经》。而最有代表性的经典，则是《老子》和《庄子》。老庄的哲学，主张清净无为，在中国同样有着非常重要的影响，尤其是西汉初期，汉文帝就崇尚黄老之学。据传，汉文帝曾经向河上公学习《老子》。

道家经典的汇集，其最具有代表性的就是《道藏》。一般认为，《道藏》最早的编撰，是东晋的"郑隐藏书"。郑隐是东晋大道士葛洪的老师，葛洪在《抱朴子·遐览》介绍并著录了其师郑隐的藏书。郑隐共收集道书261种，1299卷。这在当时是一个很大的数目。之后，历代《道藏》都是在政府组织下编撰的。现存《道藏》，则是明成祖永乐四年，第四十三代天师张宇初及其弟张宇清奉诏主持编修，之后曾经作过修补。

佛教来自印度，其创始人是释迦牟尼。东汉永平十年（公元67年），汉明帝派遣使者至西域广求佛像及经典，并迎请迦叶摩腾、竺法兰等僧至洛阳，在洛阳建立第一座官办寺庙——白马寺，为我国寺院的发祥地；并于此寺完成我国最早传译的佛典《四十二章经》。之后，东土和西域的历代高僧与译经师陆续将佛经从梵文译成中文。

佛经分为经、律、论三藏，总称为《大藏经》，我国最早的汉文大藏经刻本始于宋开宝四年（971年）。在此以后，历宋、辽、金、元、明、清几个朝代，一千年之间先后有二十余次刻本。目前流通最多的是乾隆时期刊刻的《乾隆大藏经》，又称《龙藏》。

儒释道三家文化，博大精深；三教典籍，浩如烟海。对于一般大众来说，如何学习才能够契入经典，把握其中精髓而得受用呢？

那一定要选择简易直接，与生活息息相关又通俗易懂的读物。厚重的经藏譬若花果，可以落实在生活点点滴滴。普及精要本譬若根柢。若无树根，花果则不能长成。这"三根"分别为：儒之根《弟子规》，道之根《感应篇》，佛之根《十善业道经》。

在这里，我们对这三部书略作介绍。

《弟子规》：儒之根

《弟子规》是一部和"三百千"一样广为流传的蒙学读物，在各种蒙学读物中，这本书成书较晚，是康熙年间的秀才李毓秀所作。但其影响力不亚于"三百千"等书。

《弟子规》最初的名字叫作《训蒙文》，原作者李毓秀(公元1647年—公元1729年)，为清朝康熙年间秀才，字子潜，号采三。山西绛州人，生于清顺治年间，卒于雍正年间，享年83岁。著名学者、教育家。他根据传统对童蒙的要求并结合自己的教书实践，写成《训蒙文》，后经贾存仁修订，改名《弟子规》。其内容采用《论语》"学而篇"第六条"弟子入则孝，出则弟，谨而信，泛爱众而亲仁，行有余力，则以学文"的文义，先为"总叙"，然后分为"入则孝、出则弟、谨、信、泛爱众、亲仁、余力学文"七个部分。列述弟子在家、出外、待人、接物与学习上应该恪守的守则规范。全书共有360句、1080个字，三字一句，两句或四句连意，合辙押韵，朗朗上口。

《弟子规》浅显易懂，押韵顺口，文风朴实，说理透彻，可谓谆谆教诲，循循善诱，在清代后期成为广为流传的儿童读本和童蒙读物，一度成为私塾的必读课本，堪称是启蒙养正，教育子弟敦伦尽分、闲邪存诚、培育忠厚家风的最佳读物。现在《弟子规》已被翻译成很多种外文，被国内外许多幼儿园、小学列为课程之一，颇受好评。

很多人认为《弟子规》是孩子学的，殊不知，弟子二字，并非独指儿童，而是每一个学习圣贤文化之人。《弟子规》不仅应该给孩子学，父母、老师更应该学习，而且要在生活中落实，给孩子们做一个好榜样。现在有不少企业、单位，组织全体员工学习《弟子规》，意义就在此地。

为什么说《弟子规》是儒之根呢？原因就在于《弟子规》是一个人做人的根基。如果没有做人的根基，不能落实《弟子规》，即使我们能够通读"四书五经""十三经"，那也不过是徒增知识而已，并不能在实际生活中得到经典的妙用。因此，古人有云："纸上得来终觉浅，绝知此事要躬行。"《弟子规》里面113件事情，都是和生活息息相关，可以落到实处的事情。如果一个人能够做到这些，哪怕没有读多少其他经典，也必如《论语》所说："虽曰未学，吾必谓之学矣。"

《感应篇》：道之根

《感应篇》全称《太上感应篇》。

《太上感应篇》作为一部道教经典，核心讲述了善恶果报、吉凶祸福的道理。自从宋朝以来，历代流传很广，几乎从帝王将相到渔樵耕牧，各阶级各阶层都无不信奉此书。因此被称为"古今第一善书"。

《太上感应篇》的成书时间和作者，自古迄今说法甚多。有人认为《太上感应篇》早在春秋时期就已出现，如清光绪年间许越身在《太上宝筏序》中说："《感应篇》与《道德经》同出于道祖李伯阳手笔。"也有人认为其书汉代就有，毛金兰在清同治年间叙述道："尝考洪楚产云：'《感应》一书，历汉而唐，自宋而明，敬奉已久。'"还有人认为其书成于魏晋，作者是葛洪或慕容皝。征诸史籍，这些说法或为市井侈谈，或为臆测之说，无法令人相信其真实性。

最早著录《太上感应篇》的正史是《宋史》。《宋史·艺文志》记载："李昌龄《感应篇》一卷"，许多人据此认定《太上感应篇》成书于宋代，作者是李昌龄，清朝人惠栋、俞樾都持此说。

根据历史记载，历史上有多位帝王都推崇过这部书。比如宋朝的宋真宗，就赐钱刊刻此书。明朝的世宗皇帝，也曾经为《感应篇》作序，并且颁行天下。清朝顺治十三年，皇帝谕令刊刻《感应篇》，颁赐给群臣，并且遍及读书人。由此可见，历朝历代对此书的推崇。

《太上感应篇》历史上的注解非常多，流传下来的有好几十种。最有影响的是《感应篇汇编》，注解得非常详细，收录了许多的感应故事。

《太上感应篇》虽然是一本道家著作，但是，过去的儒生几乎没有不读此书的。清代的长洲彭氏家族，就把《太上感应篇》作为族人必读书。比如彭凝祉，少年时期就奉行此书，后来考中进士，官至尚书。位登尚书后，还日日读此书，并抄写此书送人，题名为"元宰必读书"。还解释说："非谓读此书，即可作状元宰相，而状元宰相，决不可不读此书。"这个家族在清代先后18人中进士，23人中举人。

在清朝，还有两位著名的大儒为《太上感应篇》作过注解。一位是著名的易学家惠栋，还有一位就是清末的大学者俞樾。

惠栋是江苏元和（今江苏吴县）人。祖周惕，父士奇，皆治《易》学，三世传经，被学人赞为一代佳话。他著的《周易述》在易学著作里非常有名。他为何要注《太上感应篇》这本书呢？在他的《太上感应篇注》的序言里，他讲了这样一件事情，这也是这位大学者之所以注解此书的原因。

在雍正初年的时候，惠栋的母亲得了一场大病，他日尝汤药，默默祈祷，母亲的病情也没有得到好转。于是，他就在神位前发愿注解《太上感应篇》，以求母亲的病能够尽快痊愈。没想到，他母亲的病出乎意料地很快就好了。他深感此书的感应之速，于是就很快注解完《感应篇》，得以成书。他的《太上感应篇注》，被近代的印光大师称为是《太上感应篇》最好的注解。书中引用了不少儒家的典籍，比如《周易》《论语》《左传》《礼记》等，还引用了不少史书，以儒家典籍来注解这部道家之书，在众多《感应篇》注解中，是很少见的。读了这本书，可以知道，儒道圣人教人趋吉避凶之旨本是一贯的。

清末还有一位大学者俞樾注解了这部《感应篇》，书名为《太上感应篇缵义》。俞樾是大儒，同时也学习道和佛，号称曲园居士。他是近代著名红学大师俞平伯的曾祖父，章太炎、吴昌硕都出自他的门下。俞氏家族近百年来都人才辈出，也是深受《感应篇》的影响。

关于俞氏家族的发达，有这样一个故事：俞樾的祖先世代务农，直到祖父俞廷镳这一代才耕读传家，俞廷镳到七十岁的时候，才考取了一个举人，当时的主考官看到俞廷镳已经这么大年纪，就劝他把功名让给其他的考生，俞廷镳当即同意了，并说："把功名留给未来的子孙，不是很好吗？"后来，他的儿子也考取了举人，再到了他的孙子俞樾，就中了进士。俞樾做学问非常勤奋，在当时影响很大。曾国藩戏称说："李少荃（李鸿章）拼命做官，俞荫甫拼命著书"。

《太上感应篇》虽然只有一千二百多字，但是揭露了人生吉凶祸福的真相，道家首重因果教育，因此，《感应篇》确实堪称"道之根"，也是我们每个人所必学。

《十善业道经》：佛之根

《十善业道经》出自西晋月氏国三藏竺法护译《佛说海龙王经》，为其第十一品《十德六度》，唐代于阗法师实叉难陀译《十善业道经》为同经异译本。

本经是释迦牟尼佛在娑竭罗（意为：咸水海）龙宫，为龙王所宣说的经典，即诸佛菩萨有一方法，能断除一切痛苦，获取极大利益，这个方法就是修行十善业道。即从行为上远离杀生、偷盗、邪淫；从语言上远离妄语、两舌、恶口、绮语；从思想上远离贪欲、瞋恚、愚痴。离此十种恶业，就是修行十种善业。十善业是大乘佛法修行的最基本法，十善业道是一切诸佛说法帮助众生一生成就的重要手段，是佛法的基本法，也是佛法的圆满大法。因此大乘佛教视此经为基础教材，因此，称本经为"佛之根"，一点也不为过。

清朝的雍正皇帝，是一位通达儒释道三教典籍的帝王，他有一篇《上谕》，其中就说道：

"朕惟三教之觉民于海内也，理同出于一原，道并行而不悖。人惟不能豁然贯通，于是人各异心，心各异见。慕道者谓佛不如道之尊，向佛者谓道不如佛之大，而儒者又兼辟二氏，以为异端。怀挟私心，纷争角胜，而不相下。

"朕以持三教之论，亦惟得其平而已矣。能得其平，则外略形迹之异，内证性理之同。而知三教，初无异旨，无非欲人同归于善。夫佛氏之五戒十善，导人于善也；吾儒之五常百行，诱掖奖劝。有一不引人为善者哉？"

这一段翻译成白话文，意思就是："我认为以儒、释、道这三种教育来教导全国人民，从理论上（此指孝亲尊师的道理）来说是一致的，教化众生的方法上，也是并行而不相违背的。只因人们不能把儒、释、道三教之教义融会贯通，于是随顺各自不同的观点，各持己见。仰慕道家的人说：'佛教不如道家高显尊崇。'学佛的人又说：'道家不如佛教精深博大。'而儒家学者，又把二者视为异端加以驳斥，怀着私心，相互争论，比较高下，纠葛争执，互不相让。

"而我对儒释道三教的教义，认为都是平等无有高下。如能以平等心看待，就不会计较外在表现形式的差异，而能领悟到三教所蕴含的心性理体是相同的。可见三教的出发点、宗旨，是无异的，无不是希望人人归向善处。"

雍正皇帝的见解，堪称至真至理。而这"三个根柢"读本，正是现代人学习和落实三家教诲的最佳教材。为此，我们将这三部经典连同注释和翻译会集于一册，以便于现代人学习和理解。由于才学所致，一定有错漏和不当之处，祈请诸位仁者不吝赐教。

目 录

弟子规 ·· 1

太上感应篇 ··· 53

十善业道经 ······································· 113

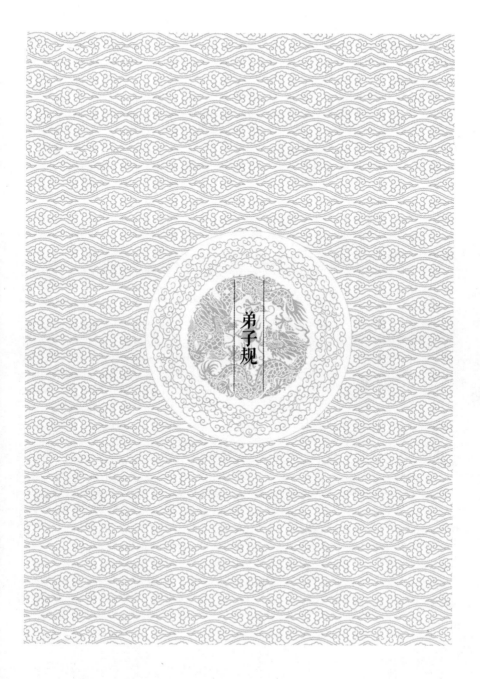

弟子规

总　叙

【题解】总叙就是全篇的总纲领，将整篇文章的宗旨为我们和盘托出。

"弟子规，圣人训"，开宗明义就为我们讲得很清楚。《弟子规》到底是什么文章？它是圣人的训导。哪一位圣人的训导？孔老夫子的训导。"孝弟，谨信，爱众，亲仁，学文"就源自《论语》，而《论语》是孔老夫子的言行记录，记载着这位至圣先师每天的生活行持。因此《弟子规》不是一篇普通的文章，它是圣贤的教诲，是圣人的训导。它基本的原理原则，就是《三字经》开篇的八句话："人之初，性本善。性相近，习相远。苟不教，性乃迁。教之道，贵以专。"这八句话，概括了中国传统教育的哲学理念。

弟子规①，圣人训②：
首孝弟③，次谨信④；
泛爱众⑤，而亲仁⑥；
有余力⑦，则学文⑧。

【注释】①弟子：为人弟者与为人子者。规：准则。

②圣人：指品德最高尚、智慧最高超的人。这里指孔夫子。训：教诲，教导。

③首：首要的。孝弟（tì）：孝顺父母，敬爱兄长。弟，通"悌"，敬爱兄长。亦泛指敬重长上。

④次：叙事时后项对前项之称。其次的。谨信：恭谨诚信。

⑤泛：广泛。

⑥亲仁：亲近有仁德的人。

⑦余力：余裕的力量。

⑧学文：学习文化知识。这里泛指六艺和古代经典。

【译文】《弟子规》这本书，是依据至圣先师孔夫子的教诲而编成的。在日常生活中，我们首先要做到孝顺父母、友爱兄弟姊妹；其次要做到言行小心谨慎、为人真诚守信。做人要博爱众生，并且要多亲近有仁德的人，向他学习。（上述之事都做到了以后）如果还有多余的时间、精力，就应该好好学习六艺（礼、乐、射、御、书、数）等其它文化知识。

入则孝

【题解】 "入则孝"是《弟子规》正文部分的第一篇。其中包括二十四件事情,篇名"入则孝",顾名思义就是在家里要懂得孝敬父母。为什么要教孝?因为孝是道德的根本,也是圣人教化大众的根本。圣人明了宇宙万物与我是一体。我与一切人、事、物,都是不可分割的生命共同体。这种一体的观念,称之为孝道。而"孝"这个字就代表一体。从时间上说,近的,讲父母跟儿女是一体;展开,讲过去遥远的祖宗跟未来无尽的绵延下去的子孙,也是一体。从空间上说,整个宇宙十方都是一体。真正证入了这种一体的境界,彻底认同了一体,这个人就称为圣人。因此,学习圣贤之道,从哪里入手?从学孝开始。

本篇篇题"入则孝"的"入"可以解释为入手处。圣贤之道从哪里入手?从孝道入手。孔老夫子在《孝经》里说,"夫孝,德之本也,教之所由生也"。教德、学圣贤之道,要从孝道入手,培养我们一体的爱心。

父母呼①，应②勿缓。

【注释】①呼：呼唤。

②应（yìng）：应答。

【译文】父母呼唤我们时，要立刻应答，不要慢吞吞地很久才回应。

父母命，行勿①懒。

【注释】①勿：不要。

【译文】父母有事交代我们时，要立刻去做，不可拖延或偷懒。

父母教，须敬听①。

【注释】①敬听：恭敬地聆听。

【译文】父母教导我们（做人处事的道理）时，应该恭敬地聆听。

父母责①，须顺承②。

【注释】①责：责备。

②顺承：顺从承受。

【译文】（做错了事）父母责备教诫时，应当顺从接受（不可顶嘴强辩而使父母生气、伤心。）。

冬则温①，夏则凊②。

【注释】①温：使暖，稍微加热。

②凊（qìng）："清"的被通假字。清凉。

【译文】为人子女，冬天要留意父母亲穿的是否温暖，居处是否暖和。夏天，要考虑父母亲是否感到凉爽。

晨则省①，昏②则定③。

【注释】①省：探望，问候。

②昏：傍晚。

③定：古代子女夜晚为父母整理床铺，服侍其安睡，谓之"定"。《礼记·曲礼上》："凡为人子之礼，冬温而夏凊，昏定而晨省。"郑玄注："定，安其床衽也；省，问其安否何如。"孔颖达疏："定，安也。"

【译文】每天早晨起床之后，应该先探望父母，并向父母请安问好。晚上要为父母铺好床铺，让父母睡得安稳。

出必告①，反必面②；

【注释】①告（gù）：告知，告诉。

②面：见，会面。

【译文】出门前要告知父母去哪里，回家后还要当面禀告父母回来了，让父母安心。

居有常①，业②无变。

【注释】①常：固定不变。

②业：事务，职业。

【译文】平时生活起居要保持正常的规律，自己的工作事务不要任意改变，以免父母忧虑。

事虽小，勿擅①为；

苟②擅为，子道③亏④。

【注释】①擅：擅自，随意。

②苟：如果。

③子道：子女对父母应遵循的道德规范。

④亏（kuī）：欠缺，损。

【译文】纵然是小事也不能擅自行事而不向父母禀告。如果任意而为（出现错误），就有损为人子女的本分（因此让父母担心，是不孝的行为。）。

物虽小, 勿私藏①;
苟私藏, 亲心②伤。

【注释】①私藏: 私行收藏或藏匿。

②亲心: 父母的心。

【译文】公物或是他人之物即使很小, 也不要背着父母私自收藏起来, 如果私藏了, 品德就有缺失, 就会伤父母的心。

亲所好①, 力②为具③。

【注释】①好: 喜爱, 爱好。

②力: 尽力。

③具: 备办, 准备。

【译文】父母亲所喜好的东西, 应该尽力去准备。

亲所恶①, 谨②为去。

【注释】①恶(wù): 讨厌, 憎恨。

②谨: 谨慎。

【译文】父母亲所厌恶的事物(包括自己的坏习惯), 要小心谨慎的去除。

身有伤, 贻^①亲忧。

【注释】①贻 (yí): 遗留, 致使。

【译文】要爱护自己的身体, 不要让身体轻易受到伤害, 让父母亲忧虑。

德有伤, 贻亲羞^①。

【注释】①羞: 耻辱。

【译文】要注重自己的品德修养, 如果我们的品德有了缺失, 会让父母亲蒙受耻辱。

亲爱我, 孝何难。

【译文】当父母亲爱护我们的时候, 孝顺是很容易做到的。

亲憎^①我, 孝方^②贤^③。

【注释】①憎: 讨厌。

②方: 才, 刚刚。

③贤: 优良, 美善。

【译文】当父母亲讨厌我们时, 却能够用心尽孝, 而且还能够自己反省检点,体会父母的心意,努力改过迁善,这种孝行才是最难能可贵的。

亲有过,谏①使更②,

怡③吾色④,柔⑤吾声;

谏不入⑥,悦复⑦谏,

号泣⑧随,挞⑨无怨。

【注释】①谏:旧时称规劝尊长,使改正错误。

②更(gēng):改正,改变。

③怡:和悦。

④色:脸色,表情。

⑤柔:温和,温顺。

⑥入:接受,采纳。

⑦复:又,再。

⑧号泣:号咷大哭。

⑨挞(tà):用鞭子或棍子打。

【译文】父母亲有过错的时候,应委婉的劝谏使他们改正,劝谏时要和颜悦色,同时语气也要温和。如果父母不听规劝,要耐心等待父母情绪好转或是高兴的时候,再加以劝谏。如果父母仍然不能接受,有孝心的人不忍心父母亲陷于不义,此时即便是号啕大哭,也要恳求父母改过,纵然遭到鞭打,也无怨无悔。

亲有疾, 药先尝①;

昼夜侍②, 不离床。

【注释】①尝（cháng）：辨别滋味，吃一点儿试试。

②侍：陪从或伺候尊长。

【译文】父母亲生病时，熬好的汤药自己要先尝一尝，看看是不是太苦、太烫。并且要不分白天夜晚地侍奉在他们身边，不可以随便离开。

丧①三年, 常悲咽②;

居处变, 酒肉绝③。

【注释】①丧：服丧。

②悲咽：悲伤呜咽。

③绝：断绝。

【译文】父母去世之后，一定要守丧三年，守丧期间要常常追思、感怀父母教养的恩德。自己的生活起居必须调整改变，不能贪图享受，应该戒绝酒肉（请参考佛教经典《地藏经》，孝子应如何给亡者修福）。

丧①尽②礼③, 祭④尽诚;

事⑤死者, 如事生。

【注释】①丧: 哀葬死者的礼仪。

②尽: 竭尽。

③尽礼: 竭尽礼仪。

④祭: 祭奠。以仪式追悼死者。

⑤事: 侍奉。

【译文】办理父母亲的丧事要合乎礼节, 不可草率马虎, 也不可以为了面子而铺张浪费。祭拜时应诚心诚意, 对待已经去世的父母, 要如同生前一样恭敬。

出则弟

【题解】《弟子规》第一篇"入则孝",讲了我们在家要孝顺父母,第二篇"出则弟"是教我们出外对尊长,要有恭顺的态度和行为。要知道在家里对父母能够养成一个孝顺的心,自然对兄长、对师长也能够敬顺。对兄长的敬顺,也是对父母的孝顺。因为父母希望儿女们能够和和睦睦、互相团结、互相关怀、互相爱护。儿女到了学校去求学,父母也希望我们做儿女的对老师尊重。因为尊师就是重道,对老师能够恭敬,就是对道业、学业重视,也因此才能学到真实的学问。踏入了社会,也自然将这种恭顺的态度,带进了自己的工作岗位,对领导、长上也有一种恭敬的存心,自然我们的工作关系会很和谐,工作得很欢喜,效率会很高,工作就会有成绩。扩而展之,对社会上一切长辈,比我们年长的,学问、道德、威望都比我们高的我们也要恭敬,为他服务,这些都是"悌道"。

孝是一种对内的存心,是一体的观念,是天性的爱心。把这个爱心展开来,一定是对父母、师长、兄长以及一切的尊长,都存有恭敬承顺的态度,这就是悌道。

兄道①友②，弟道恭③；

兄弟睦，孝在中。

【注释】①兄道：为兄之道。道，道理，法则。

②友：亲近相爱。古代多用于兄弟之间。

③恭：恭顺，顺服。

【译文】当哥哥姐姐的要友爱弟妹，作弟妹的要懂得恭敬兄姊，兄弟姐妹能和睦相处（一家人和乐融融，父母自然欢喜），孝道就表现在其中了。

财物轻①，怨②何生。

【注释】①轻：不以为重要。

②怨：怨恨，仇恨。

【译文】与人相处时对于财物，不斤斤计较，怨恨就无从生起。

言语忍，忿①自泯②。

【注释】①忿：愤怒，怨恨。

②泯（mǐn）：消除。

【译文】言语能够包容忍让，多说好话，不说坏话，忍住气话，不必要的冲突、怨恨的事情自然会消失。

或①饮食, 或坐走;

长者先, 幼者后。

【注释】①或: 或者。

【译文】不论用餐、就座或行走, 都应该谦虚礼让, 长幼有序, 让年长者优先, 年幼者在后。

长呼人, 即①代叫;

人不在, 己即到。

【注释】①即: 就, 便。

【译文】长辈有事呼唤人, 应代为传唤, 如果那个人不在, 自己应该主动去询问长辈, 有没有需要帮忙的事情。

称①尊长, 勿呼名。

【注释】①称: 称呼。

【译文】称呼长辈, 不可以直呼姓名。

对尊长, 勿见①能。

【注释】①见(xiàn):"现"的古字。显现。

【译文】在长辈面前，要谦虚有礼，不可以炫耀自己的才能。

路遇长，疾^①趋^②揖^③；
长无言，退恭^④立。

【注释】①疾：快速。
②趋：古代的一种礼节，以碎步疾行表示敬意。
③揖：拱手行礼。
④恭：肃敬，有礼貌。

【译文】路上遇见长辈，应碎步疾行向前问好，长辈没有事情吩咐时，则恭敬退后站立一旁，等待长辈离去。

骑下马，乘下车^①；
过犹^②待，百步余。

【注释】①车（jū）：车子，陆地上有轮子的运输工具。
②犹（yóu）：副词。还，仍。

【译文】不论骑马或乘车，路上遇见长辈均应下马或下车问候，并等到长者离去约百步之后，才可以离开。

长者^①立，幼勿坐；
长者坐，命乃坐。

【注释】①长者: 年纪大或辈分高的人。

【译文】与长辈同处, 长辈站立时, 晚辈应该陪着站立, 不可以自行就坐; 长辈坐定以后, 吩咐坐下才可以坐。

尊长前, 声要低;

低不闻, 却^①非宜^②。

【注释】①却: 副词。反而, 倒。

②宜: 适宜。

【译文】与尊长交谈, 声音要柔和适中, 回答的音量太小让人听不清楚, 也是不恰当的。

进必趋^①, 退必迟;

问起^②对^③, 视勿移。

【注释】①趋 (qū) : 古代的一种礼节, 以碎步疾行表示敬意。

②起: 起立, 站起。

③对: 应答。

【译文】有事要到尊长面前, 应快步上前; 退回去时, 必须稍慢一些才合乎礼节。当长辈问话时, 要站起来回答, 视线要注视长辈, 不要到处移动、左顾右盼。

事^①诸父^②，如事父；
事诸兄^③，如事兄

【注释】①事：侍奉。

②诸父：指伯父和叔父。

③诸兄：所有同宗之兄。

【译文】对待叔叔、伯伯等尊长，要如同对待自己的父亲一般孝顺恭敬；对待同族的兄长（堂兄姊、表兄姊），要如同对待自己的兄长一样友爱尊敬。

谨

【题解】《弟子规》第三篇"谨"。这一章总共24节，所说的都是日常生活中衣食住行的生活小事。圣贤教导童蒙、教导初学都要制定一些生活的规范，让我们在日常生活当中，来修炼自己的诚敬之心。诚敬是我们学圣贤最关键的一种心态。

当我们每时每刻都不放松自己，而养成诚敬心的时候，诚敬就变得自然而然，不用刻意。古人讲："诚于中，形于外。"从生活的行为表现出我们的心地。如果放纵自己，行为上一定有亏缺。有智慧的人，是诚敬到了极处的人。他观察任何事情真的是入木三分。从很小的动作神态上，就可以看出个人的心地，就可以预知一个人的吉凶祸福。因为人一生的吉凶祸福，都是他的心地决定的。如果他的心善，那么他的境界和所遇到的任何的人、事、物都是善的；如果他的心地不善，那么他的一生，必定有很多坎坷。

朝起早, 夜眠迟①;

老易至, 惜此时。

【注释】①迟 (chí): 晚。

【译文】早晨要早早起床, 晚上不可很早就睡了。(当然不提倡极端, 晚上睡的很晚。因为古代没有电灯, 人都早睡。)因为岁月不待人, 少年一转眼就成老人了, 应当要珍惜当下的青春年华。

晨必盥①, 兼漱口;

便溺②回, 辄③净手④。

【注释】①盥 (guàn): 洗脸洗手。

②便溺 (niào): 排泄屎尿。

③辄 (zhé): 副词。立即, 就。

④净手: 洗手。

【译文】早晨起床后, 务必要洗脸、刷牙、漱口使精神清爽。大小便后, 一定要洗手, 养成良好的卫生习惯, 才能确保健康。

冠①必正, 纽②必结③;

袜与履④, 俱紧切⑤。

【注释】①冠: 帽子的总称。

②纽: 纽扣。

③结(jié)：系，扎缚。

④履：鞋。

⑤切：契合，确切。

【译文】要注重服装仪容的整齐清洁，帽子要戴端正，衣服扣子要扣好，袜子穿平整，鞋带应系紧。

置冠服^①，有定位；

勿乱顿^②，致污秽^③。

【注释】①冠服：帽子和衣服。

②顿：放置。

③污秽(huì)：肮脏，不干净。

【译文】回家后帽子和衣服等要放置在固定的位置，不要随手乱丢乱放，避免弄脏弄乱，用的时候又要找半天。

衣贵^①洁，不贵华^②；

上循分^③，下称^④家。

【注释】①贵：重视。

②华：高贵华丽。

③循分：恪守职分。

④称：相当，符合。

【译文】穿衣服需注重整洁，不必讲究昂贵、名牌、华丽。穿着应考虑自己的身份及场合，更要衡量家中的经济状况，才是持家之道。

对饮食, 勿拣择^①;
食适可^②, 勿过则^③。

【注释】①拣择: 挑选。
②适可: 适合, 适宜。
③则: 标准。

【译文】对于食物不要挑三拣四, 吃东西要适量, 不要因为好吃而吃得太撑。

年方少, 勿饮酒;
饮酒醉, 最为丑^①。

【注释】①丑(chǒu): 样子难看。

【译文】未成年人, 不要饮酒, 因为喝醉了之后的样子最难看。

步从容^①, 立端正;

【注释】①从容: 悠闲舒缓, 不慌不忙。

【译文】走路时步伐应当从容稳重, 不慌不忙, 不急不缓; 站立时姿势要端正。

揖^①深圆，拜恭敬。

【注释】①揖：拱手行礼。

【译文】问候他人时，不论鞠躬或拱手都要把身子躬下去，礼拜时要恭恭敬敬。

勿践^①阈^②，勿跛倚^③；
勿箕踞^④，勿摇髀^⑤。

【注释】①践：踩踏。
②阈（yù）：门坎。
③跛（bǒ）倚：站立歪斜不正，倚靠于物。指不端庄的样子。
④箕（jī）踞：一种轻慢、不拘礼节的坐的姿态。即随意张开两腿坐着，形似簸箕。
⑤髀（bì）：大腿。

【译文】进门时脚不要踩在门坎上，站立时身体也不要站得歪歪斜斜，或者单条腿支撑身体斜靠着；蹲坐的时候不可以叉开两腿，更不可以抖动双腿。

缓揭帘^①，勿有声。

【注释】①揭帘（lián）：掀开帘子。揭，掀起，拉开。帘，以竹、布等制成的遮蔽门窗的用具。

【译文】进入房间时，不论揭帘子、开门的动作都要轻一点、慢一些，避免发出声响。

宽转弯，勿触棱①。

【注释】①棱（léng）：物体的棱角。

【译文】在室内行走或转弯时，应小心不要撞到物品的棱角，以免受伤。

执①虚器②，如执盈③。

【注释】①执（zhí）：拿，持。

②虚器：中空的器物。

③盈：满，充满。

【译文】拿东西时要注意，即使是拿着空的器具，也要像里面装满东西一样小心谨慎。

入虚室①，如有人。

【注释】①虚室：空室。

【译文】进入无人的房间，也要像有人在一样，不可以随便。

事勿忙, 忙多错。

【译文】做事不要急急忙忙、慌慌张张, 因为忙中容易出错。

勿畏难①, 勿轻略②。

【注释】①畏难: 害怕困难。

②轻略: 轻忽, 粗略。

【译文】不要畏苦怕难而犹豫退缩, 也不可以草率, 随便应付了事。

斗闹场①, 绝勿近②。

【注释】①场: 处所, 多人聚集或事情发生的地方。

②近: 接近, 靠近。

【译文】凡是容易发生争吵打斗的不良场所 (如赌博、不良娱乐等场所), 都不要接近, 以免受到不良的影响。

邪僻①事, 绝勿问。

【注释】①邪僻: 亦作"邪辟"。乖谬 (荒谬背理) 不正。

【译文】一些邪恶下流, 荒诞不经的事也一定要远离而不去过问。

将入门，问孰^①存。

【注释】①孰：疑问代词。谁。

【译文】将要入门之前，应先问："有人在吗？"不要冒冒失失就跑进去。

将上堂^①，声必扬^②。

【注释】①上堂：入堂，登堂。
②扬：指声音高亢或提高。

【译文】进入客厅之前，应先提高声音，让屋内的人知道有人来了。

人问谁，对^①以名；
吾与我，不分明^②。

【注释】①对：应答。
②分明：明确，清楚。

【译文】如果屋里的人问："是谁呀？"应该回答自己的名字，而不是："我，我！"让人无法分辨我是谁。

用人物，须明^①求；
倘^②不问，即为偷。

【注释】①明：公开，不隐蔽。

②倘：倘若，假如。

【译文】借用别人的物品，一定要事先讲明，请求允许。如果事先没有过问就擅自取用，就是偷窃的行为。

借人物，及时还；

后有急^①，借不难。

【注释】①急：急需。

【译文】借来的物品，要及时归还，以后若有急用，再借就不难。

信

【题解】"信"是正文的第四篇。"信"这篇讲了15条，它是劝导我们做人要守信，要讲究诚信，同时也要有高尚的信念，立志向圣贤之道迈进。孔老夫子曾经讲过，"人而无信，不知其可也"。一个人如果没有了信用，他一定不能在社会上立足。

现代社会，信用是非常重要的财富。我们买房子、买汽车要贷款，银行都要查查我们的信用史。公司要借贷也要有很好的信用。人希望这一生学做圣贤，也要从诚信这里做起。司马光说过，这一生没有一件事不能跟别人说。这是他表明他的心地非常真诚，没有见不得人的事情，没有隐瞒别人、欺骗别人的事情，说话、行动都有诚信。

凡出言，信为先；
诈与妄①，奚②可焉③。

【注释】①妄：虚罔，不实。
②奚：疑问词。犹何。为何，为什么。
③焉：呢。

【译文】凡是开口说话,首先要讲信用。说些欺诈不实的话怎么行呢?

话说多, 不如少;
惟①其是, 勿佞巧②。

【注释】①惟: 助词。也作"唯""维"。用于句首。
②佞巧: 谄佞巧诈。

【译文】话说得多不如说得少, 说话要恰到好处、符合实际,千万不要说些不合实际的花言巧语。

奸巧语, 秽污①词,
市井气②, 切戒③之。

【注释】①秽 (huì) 污: 不洁, 肮脏。
②市井气: 谓俗气。
③切戒: 务须避免。

【译文】奸诈取巧的语言,下流肮脏的话,以及街头无赖粗俗的口气,务必避免不去沾染。

见未真, 勿轻言①;
知未的②, 勿轻传。

【注释】①轻言: 说话轻率、不慎重。

②的 (dí): 确实, 准定。

【译文】任何事情在没有看到真相之前, 不要轻易发表意见。对事情了解得不够清楚明白时, 不可以任意传播, 以免造成不良后果。

事非宜^①, 勿轻诺^②;
苟轻诺, 进退^③错。

【注释】①宜: 合适, 适当, 适宜。

②轻诺: 轻易许诺。

③进退: 前进与后退。

【译文】不合义理的事, 不要轻易答应, 如果轻易允诺, 到时做不到, 会使自己进退两难。

凡道字^①, 重且舒^②;
勿急疾^③, 勿模糊。

【注释】①道字: 吐字, 咬字。

②舒: 缓慢, 从容。

③急疾: 快速, 急切。

【译文】讲话时口齿要清晰, 声音舒展, 不要说得太快太急, 也不要说得模糊不清。

彼说长，此说短①；

不关②己，莫闲管③。

【注释】①彼说长，此说短：即说长说短、说长道短，指议论他人的好坏是非。彼，指示代词。那；那个。"此"的对称。此，这，这个。与"彼"相对。

②不关：不牵涉；不涉及。

③闲管：管与己无关的事。

【译文】听到人家说是是非非，自己不要介入，不关自己的事，不要多管。

见人善①，即思齐②；

纵③去④远，以渐跻⑤。

【注释】①善：好处，优点。

②思齐：思与之齐。

③纵：即使。

④去：距离，差别。

⑤跻 (jī)：达到。

【译文】看见他人的懿德善行，要立刻想到去学习看齐，纵然目前能力相差很多，也要下定决心，逐渐赶上。

见人恶, 即内省①;

有则改, 无加警②。

【注释】①内省: 内心反省自己的思想和言行, 检查有无过失。
②警: 警惕。

【译文】看见别人有邪思恶行, 要反躬自省, 检讨自己是否也有这些缺失, 有则改之, 无则加勉。

唯①德学, 唯才艺②,

不如人, 当自砺③。

【注释】①唯: 只有。
②才艺(yì): 亦作"才薮"。才能。
③自砺(lì): 自我勉励。

【译文】每个人都应当重视自己的品德学问和才能技艺的培养, 如果觉得有不如人的地方, 应当自我惕励、奋发图强。

若①衣服, 若饮食,

不如人, 勿生戚②。

【注释】①若: 如果。
②戚(qī): 忧伤。

【译文】至于外表穿着或者饮食日用不如人时，则不必放在心上，更没有必要感叹忧伤。

闻过怒，闻誉^①乐；

损友^②来，益友却^③。

【注释】①誉：称赞，赞美。

②损友：对自己有害的朋友。语本《论语·季氏》"益者三友，损者三友：友直、友谅、友多闻，益矣；友便辟，友善柔，友便佞，损矣。"

③益友却：益友，有益的朋友。却，退。

【译文】如果听到别人说自己的缺失就生气，听到别人称赞自己就欢喜，那么一些对自己有害的朋友就会来接近你，真正的良朋益友反而逐渐疏远退却了。

闻誉恐，闻过欣^①；

直谅^②士，渐相亲^③。

【注释】①欣：喜悦，欣幸。

②直谅：正直诚信。

③相亲：相亲近。

【译文】如果听到他人的称赞，不但不能得意忘形，反而要惶恐地反躬自省，唯恐做得不够好；当别人批评自己的缺失时，不但不生气，还能欢喜接受，那么正直诚信的人，就会渐渐来亲近你了。

无心^①非，名为错；

有心非^②，名为恶。

【注释】①无心：犹无意。与"有心"相对。

②非：不对，错误。

【译文】无心之过称为错。若是明知故犯，有意犯错，便是罪恶。

过能改，归于无；

倘掩饰^①，增一辜^②。

【注释】①倘掩饰：倘，倘若，假如。掩，遮没，遮蔽，掩盖。

②辜（gū）：罪，罪过。

【译文】知错能改，是勇者的行为，错误自然慢慢的减少、消失。如果犯了错还刻意去掩饰，那就是错上加错，罪加一等了。

泛爱众

【题解】第五篇"泛爱众"。这一篇是讲广泛的来爱护所有的人。前面的四章孝、弟、谨、信，是让我们修养自己的德行。"泛爱众"是让我们要对一切人要有仁爱。一个是对己，一个是对人。

凡是人我们都要对他有仁爱之心。"泛"，是广泛，这个爱是无私没有条件的爱，只要他是人，我就爱，这是博爱。因为"天同覆，地同载"，这种爱心是一体的观念。

> 凡是人，皆须爱；
> 天同覆①，地同载②。

【注释】①覆：覆盖。
②载：承受。

【译文】只要是人，就是同类。同是天地所生，万物滋养，应该不分族群、人种、性别、宗教信仰，皆应相亲相爱，不分你我，互助合作，才能维持这个共生共荣的生命共同体。

行高^①者，名自高，
人所重^②，非貌高。

【注释】①行高：品性高洁。
②重：指尊敬，敬重。

【译文】德行高尚者，名望自然高显，大家所敬重的是他的德行，不是外表容貌。

才大者，望^①自大，
人所服，非言大。

【注释】①望：声望。

【译文】才能大的人，声望自然不凡，然而人们所欣赏佩服的，是他的真正才能，而不是因为他很会说大话。

己有能，勿自私；
人所能，勿轻訾^①。

【注释】①轻訾（zǐ）：轻易指责别人。轻，轻易。訾，诋毁，指责。

【译文】当你有能力可以为众人服务的时候，不要自私自利，只考虑到自己，舍不得付出。对于他人的才华，应当学习、欣赏、赞叹，而不是批评、毁谤。

勿谄①富，勿骄②贫。

【注释】①谄：奉承，献媚。

②骄：怠慢，轻视。

【译文】不要去讨好巴结富有的人，也不要在穷人面前骄傲自大，或者轻视他们。

勿厌故，勿喜新①。

【注释】①勿厌故，勿喜新：即"厌故喜新"。讨厌旧的，喜欢新的。

【译文】不要厌烦疏远老朋友，也不要一味喜爱接近新朋友。

人不闲①，勿事搅②。

【注释】①不闲（xián）：不得闲暇。

②搅：扰乱，打扰。

【译文】当别人正在忙碌的时候，不要去打扰他。

人不安①，勿话扰②。

【注释】①不安：不安宁，不适，指有病。

②扰：搅扰。

【译文】当别人心情不好或身心欠安的时候，不要闲言闲语去干扰他，增加他的烦恼与不安。

人有短^①，切莫揭^②。

【注释】①短：缺点，过失。

②揭：揭露。

【译文】别人的缺点，不要去揭穿。

人有私^①，切^②莫说。

【注释】①私：指秘密。

②切：务必，一定。

【译文】别人的隐私，切忌去张扬。

道人善，即是善；
人知之，愈^①思勉。

【注释】①愈：副词。相当于"更加""越"。

【译文】赞美他人的优点或善行，就是行善。当对方听到你的称赞之后，必定会更加努力的去行善。

扬①人恶, 即是恶;
疾之甚, 祸且作②。

【注释】①扬: 传播。

②作: 兴起, 发生。

【译文】张扬他人的过失或缺点, 就是行恶, 如果指责批评太过分了, 还会给自己招来灾祸。

善相劝①, 德②皆建。

【注释】①相劝: 互相勉励。

②德: 德行。

【译文】朋友之间应该互相规过劝善, 共同建立良好的品德修养。

过不规①, 道两亏②。

【注释】①规: 规劝, 谏诤。

②亏: 损失。

【译文】如果有错不能互相规劝, 两个人的品德都会有缺陷。

凡取与^①，贵分晓^②；

与宜多，取宜少。

【注释】①取与：亦作"取予"。收受和给予。

②分晓：明白，清楚。

【译文】财物的取得或给予，一定要分辨清楚明白，给别人的应该多一些，从别人那里拿的应该少一些。

将加^①人，先问己；

己不欲，即速^②已^③。

【注释】①加：施及，加以。

②即速：立刻，赶快。

③已：停止。

【译文】要将事物施及别人，或要托别人做事之前，先要问一问自己是不是愿意，如果连自己都不愿意，就要立刻停止。

恩^①欲报^②，怨欲忘；

报怨短，报恩长。

【注释】①恩：恩惠。

②报：报答。

【译文】受人恩惠要记得报答，别人有对不起自己的事，应该宽大为怀把它忘掉。怨恨不平的事不要记在心中太久，过去就算了；别人对我们的恩德，则要铭记在心，感恩不忘，常思报答。

待婢仆^①，身贵端^②；
虽贵端，慈而宽^③。

待婢仆①，身贵端②；

虽贵端，慈而宽③。

【注释】①婢仆（pú）：谓男女仆人。

②端：公正，正直。

③宽：度量宽宏，宽厚。

【译文】对待家中的婢女与仆人，要注重自己的品行端正并以身作则。虽然品行端正很重要，但是仁慈宽大更可贵。

势①服人，心不然②；

理服人，方无言。

【注释】①势：权力，权势。

②不然：不以为是。

【译文】如果仗势强逼别人服从，对方难免口服心不服。唯有以理服人，别人才会心悦诚服而没有怨言。

亲 仁

【题解】第六篇"亲仁"。这一篇是讲要亲近仁德之人，亲近有智慧的圣贤君子。我们这一生希望能够得到幸福的人生、成功的事业，甚至进德修业，成就圣贤的人品，亲仁就非常重要了。我们在学习的道路上必须要有良师益友。

同是人，类不齐；
流俗①众，仁者希②。

【注释】①流俗：指世间平庸的人。
②仁者希：仁者，有德行的人。希，少，罕有。

【译文】同样是人，善恶邪正、心智高低却是良莠不齐。平庸的人多，有德行的人少。

果①仁者，人多畏②；
言不讳③，色不媚④。

【注释】①果：果真，当真。

②畏：敬重，心服。

③不讳（huì）：不隐讳。

④不媚：不谄媚。

【译文】如果是真正有仁德的人，大家自然敬畏他，因为他说话公正无私没有隐瞒，又不讨好他人，所以大家自然会起敬畏之心。

能亲仁^①，无限好；

德日进^②，过日少。

【注释】①亲仁：亲近有仁德的人。

②日进：日，每天，一天一天地。进，长进。

【译文】能够亲近仁德的人，向他学习，是很幸运的事，因为他会使我们的德行一天比一天进步，过错也跟着一天天减少。

不亲仁，无限^①害；

小人^②进，百事坏^③。

【注释】①无限：没有穷尽。谓程度极深，范围极广。

②小人：人格卑鄙的人。

③百事坏：百事，各种事务，事事。坏，毁坏，指败事。

【译文】如果不肯亲近仁人君子，就会有无穷的祸害，因为不肖的小人会趁虚来接近我们，日积月累，我们的言行思想都会受到不良的影响，甚至使整个人生走入错误的方向。

余力学文

【题解】第七篇"学文"，就是《论语》中的"余力学文"。《弟子规》前面"孝、悌、谨、信、爱众、亲仁"这六个方面的内容，都是让我们努力去落实，以达到提升自己，是力行方面。学文，就是要学习圣贤经典。学习了圣贤经典，我们力行就能有正确的方向，并不是有余力才学文，没有余力不学文也没有关系，不是这样讲。余力学文，是强调力行重要，而学文是帮助我们力行，因此文不可不学。

《朱子治家格言》讲，"子孙虽愚，经书不可不读"。这是说自己的儿孙虽然愚钝，但是也要让他们学习圣贤经典。力行帮助我们学文，学文帮助我们力行。我们用圣贤教育，指导我们生活、工作、处事、待人、接物，这是在力行；真正力行了，就会对圣贤的教诲又有新的悟处，又有更深入的体验。因此，学文和力行是相辅相成缺一不可的。力行是行门，学文是解门，解行并重。

不力行^①，但学文^②，

长浮华^③，成何人。

【注释】①力行: 努力实践。

②学文: 学习文化知识。

③浮华: 讲究表面上的华丽或阔气, 不务实际。

【译文】不能身体力行孝、悌、谨、信、泛爱众、亲仁这些本分, 只是一味读书学习, 纵然有些知识, 也只是增长自己浮华不实的习气, 变成一个不切实际的人, 如此读书又有何用?

> 但力行, 不学文,
> 任①己见②, 昧③理真。

【注释】①任: 听凭, 任凭。

②己见: 个人的见解。

③昧: 愚昧, 胡涂。

【译文】相反, 如果只是一味力行, 却不肯读书学习, 就容易因不明事理, 而依自己的偏见行事, 造成错误而不自知, 这也是不对的。

> 读书法, 有三到;
> 心眼口, 信①皆②要。

【注释】①信: 果真, 确实。

②皆: 都, 全。

【译文】读书的方法要注重"三到"：眼到、口到、心到，三者缺一不可，如此方能收到事半功倍的效果。

方读此，勿慕①彼；

此未终，彼勿起。

【注释】①慕：思慕，向往。

【译文】研究学问要专一、专精才能深入，不能这本书读没多久，又想看其它的书，这样永远也定不下心把一本书好好深入读通。

宽①为限，紧用功；

工夫到，滞塞②通。

【注释】①宽：宽松。

②滞塞：阻塞不通。

【译文】在订定读书计划的时候，不妨宽松一些，实际执行时，就要加紧用功，严格执行，不可以懈怠偷懒。日积月累功夫深了，原先困惑不通之处，自然而然都迎刃而解了。

心有疑①，随②札记③；

就④人问，求确义。

【注释】①疑：疑问。

②随：随即，马上。

③札（zhá）记：读书时摘记的要点、心得或随笔记事等文字。古称小木简为札，条记于札，故称。

④就：指主动亲近；俯就。

【译文】求学当中，心里有疑问时，应随时作笔记，一有机会，就主动向良师益友请教，务必确实明白它的真义。

房室清，墙壁净；
几案^①洁，笔砚^②正。

【注释】①几（jī）案：亦作"几桉"。桌子，案桌。

②笔砚（yàn）：亦作"笔研"。笔和砚。泛指文具。

【译文】书房要整理清洁，墙壁要保持干净。读书时，书桌上笔墨纸砚等文具要摆放整齐不凌乱，触目所及皆是井然有条，才能静下心来读书。

墨磨偏，心不端^①；
字不敬^②，心先病。

【注释】①不端：不正。

②不敬：怠慢。

【译文】古人写字使用毛笔先要磨墨，如果心不在焉，墨就会磨偏了。写出来的字如果歪歪斜斜，就表示你浮躁不安，心定不下来。

列典籍，有定处^①；
读看毕，还原处。

【注释】①定处：固定的居处。

【译文】书本应该分门别类，排列整齐，放在固定的位置，阅读完毕须归还原处。

虽有急，卷束^①齐。

【注释】①卷束：卷起捆束。唐代以前，书用卷子，数卷为一束，故称。

【译文】虽有急事要离开，也要把书本收好再离开。

有缺坏^①，就补之。

【注释】①缺坏：破缺损坏。

【译文】遇到书本有缺损毁坏就要修补，使它保持完整。

非圣书，屏^①勿视；
蔽^②聪明，坏心志。

【注释】①屏（bǐng）：摒弃。

②蔽：障碍。

【译文】不是传述圣贤言行的著作，以及有害身心健康的不良书刊，都应该摒弃不看，以免身心受到污染、智慧遭受蒙蔽、心志变得不健康。

勿自暴，勿自弃；

圣与贤，可驯致^①。

【注释】①驯（xún）致：亦作"驯至"。逐渐达到。

【译文】遇到困难或挫折的时候，不要自暴自弃，也不必愤世嫉俗、怨天尤人，应该发愤向上努力学习。圣贤境界虽高，循序渐进，也是可以达到的。

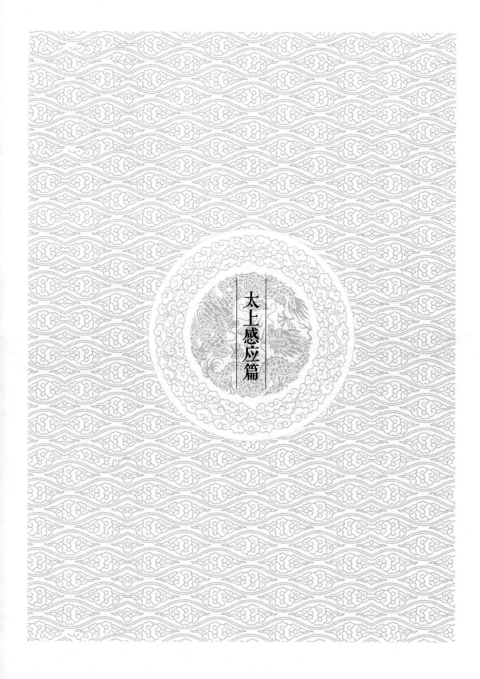

太上感应篇

太上感应篇

【题解】《感应篇直讲》云：太上，是太上老君，姓李名耳，得道为仙家之祖，系上天至尊之圣。《感应篇》，是太上劝人作善之书。感，是感动，应，是报应；言人以善恶感动，天必有祸福报应。

太上①曰：祸福②无门，唯人自召③。善恶之报④，如影随形⑤。

【注释】①太上：指太上老君，道教界公认的道教创始者，即道德天尊。道教最高祖师"三清"之一，天道圣人。又称：老子、太上道祖、太清道德天尊、混元上帝、降生天尊、开皇末劫天尊。

②祸福：灾殃与幸福。《左传·襄公二十三年》："祸福无门，唯人所召。"

③召：召致，引来。

④报：本义指断狱，判决罪人。此处指果报。

⑤形：形体，实体。

【译文】太上老君说：人的灾殃与幸福是没有一定的门路的，完全是人自己的所作所为感召得来的。人作善或者造恶，果报就如同影子跟随形体一般，是寸步也不离开的！

是以①天地有司过之神②，依人所犯轻重，以夺③人算④。

【注释】①是以：所以，因此。

②司过之神：司，职掌，主管。过，过失。《感应篇汇编》云：言人之一生，日夜时刻，上下四旁，皆有鬼神鉴察也。天有三官五帝，百神诸司。地有五岳四渎，城隍里社。又有举意司，专主关达人起念处之善恶。凡此皆为司过之神。

③夺：剥夺，削除。

④人算：人活百日叫一算。算，音蒜。

【译文】所以天地之间有各种主管人过失的神明，根据人所犯过失的轻重，以剥夺人的寿算。

算减则贫耗①，多逢忧患②，人皆恶③之，刑祸④随之，吉庆⑤避之，恶星⑥灾⑦之，算尽则死。

【注释】①贫耗：贫，本义缺少财物，贫困。耗，亏损，消耗。

②忧患：忧是愁苦，患是祸患。

③恶（wù）：讨厌，憎恨。

④刑祸：刑，对犯罪的处罚。祸，灾殃，苦难。

⑤吉庆：吉，好，有利的，幸福的。庆，喜，福庆，吉庆。

⑥恶星：指星宿，属于天神的一类，即天神恶煞，他是掌管人间一切灾祸厄难之神，专门是对这些造恶的人，制造一些灾难来惩罚世人的。

⑦灾：伤害，使受灾害。

【译文】一个人若是作恶，被减了寿算，则生活就会贫困，而且会亏损连连，常常会有各种愁苦和祸患的事，到哪里都会受到人的讨厌。刑罚和灾祸都会紧紧跟随他，好的、吉庆的事情都避开他了，连天上的凶神恶煞也会降灾祸于他头上，等到寿算被夺尽了，也就要死了。

又有三台^①北斗^②神君，在人头上，录人罪恶，夺其纪^③算。

【注释】①三台：星名，掌人寿夭。《感应篇汇编》云："三台六星，上台司命，中台司福，下台司禄，主人生死寿夭。"

②北斗：星名，《感应篇汇编》云："北斗乃紫极都曹，为天地日月江河海之元，合阴阳木火土金水之德，宣威三界，统御万灵，斡旋气运，斟酌死生。人有罪过，录入恶籍。量度重轻，夺其纪算。纪，十二年也。又管辂曰：'南斗注生，北斗注死，凡人受胎，皆从南斗过北斗，若有祈求，宜向北斗。'又七真曰：'吾每月初三，及二十七日，必一下降，受人醮祭，察人善恶。'又《业报因缘经》曰：'七星之气，常结为一星，在人头上，去顶三寸。其人为善则光明，为恶则光暗。大善则光愈著，大恶则光灭没，人不见而鬼神见之'。今曰：'在人头上，录罪夺算。'询非诬矣。"

③纪：十二年为一纪。

【译文】又有三台和北斗这些星君主，在人的头上，记录人的罪恶，根据罪恶的大小，大的夺取十二年的寿命，小的也要夺取一百天的寿命。

又有三尸神^①，在人身中，每到庚申日^②，辄^③上诣^④天曹^⑤，

言人罪过。月晦之日⑥, 灶神⑦亦然。

【注释】①三尸神:《感应篇汇编》云:"上尸青姑, 名彭踞 (jù), 居人首, 令人多思欲, 眼昏发落。中尸白姑, 名彭踬 (zhì), 居人肠, 令人嗜食多忘, 好作恶事。下尸血姑, 名彭蹻 (qiāo), 居人足, 令人耽色喜杀, 肢脏扰动。三尸利人速死, 即出作鬼, 享受血食, 故于庚申日, 乘人睡寐, 与身中七魄, 上诣天曹, 言人罪过。所谓心口意语, 鬼闻人声者, 三尸其最也。今人不知检身克己, 清心寡欲, 而徒恃道家守庚去申之法, 为断绝三尸入告之路。适足以自欺耳。"

②庚申日: 庚申日, 来源于我国古代的记时方法。我国古代是靠天干与地支配合来记时间(年月日时)的。天干有10个, 地支有12个, 两两结合, 一轮为60。庚申为干支之一, 顺序为第57个。前一位是己未, 后一位是辛酉。

③辄: 立即, 就。

④诣: 晋谒, 造访。古代到朝廷或上级、尊长处去之称。

⑤天曹: 道家所称天上的官署。

⑥月晦之日: 月晦, 月尽也。农历每月的最后一日。

⑦灶神:《感应篇汇编》云:"灶神, 号曰司命, 以其司人一家良贱之命也。于人朝夕罪恶, 无微不察。"

【译文】又有三尸神, 在人的身体里面, 每到庚申日这一天, 他们就立即到天上去, 专门汇报人的罪恶和过失。农历每月的最后一天, 灶神也是如此。

凡人有过①, 大则夺纪, 小则夺算。其过大小, 有数百事, 欲求长生②者, 先须避之。

【注释】①过：《说文》："过，罪愆也。"

②长生：永久存在或生存；寿命很长。《老子》："天地所以能长且久者，以其不自生，故能长生。"

【译文】凡是人的过失，只要犯了，不论有意还是无意，过失大的，就要被削除十二年的寿命，小的也要被夺取一百天的寿算。其过失的大小，有数百件事情，想要求得长寿、甚至想得道成仙、成佛作祖的人，首先就必须要避免犯这些过失。

是道①则进，非道则退。不履邪径②，不欺③暗室④。

【注释】①道：道德，道义，正义。《感应篇汇编》云："道，犹大路也。顺天理，合人心，坦平正直，即是道。逆天理，拂人心，荆棘险巇（xī），即非道。"

②不履邪径：履，本义践踏。邪径，比正道近便的小路。《汉书·五行志（中之上）》："成帝时歌谣又曰：'邪径败良田，谗口乱善人。'"

③欺：《说文》："欺，诈欺也。"《感应篇汇编》云："欺，谓明知故犯。"

④暗室：特指别人看不见的地方。《南史·梁纪下·简文帝》："自序云：'有梁正士兰陵萧世缵，立身行道，终始如一，风雨如晦，鸡鸣不已。弗欺暗室，岂况三光？数至于此，命也如何！'"

【译文】凡是顺天理、合人心的事情，就要努力去做；凡是违背天理，违逆人心的事情就要止步后退，绝对不去做。不要走比正道近的小路，即使在暗室屋漏之中，也不可明知故犯。

积德累功①，慈心于物②。忠孝③友悌④，正己化人⑤。

【注释】①积德累功：《感应篇汇编》云："存诸心，曰德。见诸事，曰功。由少至多，曰积。由卑至高，曰累。德不积不崇，功不累不大。"

②慈心于物：《说文》："慈，爱也。"《感应篇汇编》云："慈者，万善之本，即仁心也。慈有二义：一是济贫拔苦，一是戒杀放生。玩"于"字，当从及物上说。言积德累功之君子，不但亲亲仁民而已，于慈心所至，又将及于物矣。"

③忠孝：忠，本义忠诚无私，尽心竭力。孝，本义尽心奉养和服从父母。《说文》："孝，善事父母者。"《感应篇汇编》云："为臣尽忠，为子尽孝，乃天理之常，人伦之本。使为臣不忠，则君复何望于臣？为子不孝，则父复何望于子？畜生禽兽之不如，安可言人乎？"

④友悌：《感应篇汇编》云："孝悌本一，今又专言者，欲人随事而尽之也。兄友则爱而且敬，弟悌则畏而且和。"

⑤正己化人：正己，端正自己的思想、言行。《礼记·中庸》："正己而不求于人，则无怨。"《感应篇汇编》云："正者，确不可易；化者，自然而然。所谓'其身正，不令而行'也。"

【译文】要积累仁德，多作善功，对待一切人、事、物，都要有一个慈爱之心。要忠于君长，孝顺父母，友爱弟弟，礼敬兄长。要端正自己的思想、言行，才能够感化他人。

矜孤恤寡，敬老怀幼①。昆虫草木，犹不可伤②。

【注释】①矜孤恤寡，敬老怀幼：矜，怜悯，怜惜；孤，幼年死去父亲或父母双亡；恤，对别人表示同情，怜悯；寡，老而无夫的女人。敬，尊重，有礼貌地对待；老，年纪大的人；怀，抚恤；幼，小孩。《感应篇汇编》云：
"于铁樵曰：'孤寡，人生之不幸；老幼，人生所必历。矜恤敬怀，亦是自然
而动之良心。'"

②昆虫草木，犹不可伤：《感应篇汇编》云："昆，众也，言一切大小虫
也。犹不可伤，则其重且大者可知。今人恣伤物命，殊不知蠢动含灵，皆有佛
性。方长不折，儒训昭然。岂可谓昆虫微物，草木无知，而遽伤乎？"

【译文】要怜悯从小失去父母的孤儿，体恤失去丈夫的寡妇，尊
敬年纪大的老人，抚恤幼小的孩子。即使大小的昆虫和花草树木，也
不可以随意伤害。

宜悯人之凶，乐人之善①，济人之急，救人之危②。

【注释】①宜悯人之凶，乐人之善：宜，应该，应当。《感应篇汇编》
云："'宜'字，直贯至'与人不追'悔句。凶，是凶恶之凶，亦是凶祸之凶。悯
者曲加劝导，使其改行从善。悯，则措置安全，使之各得其所，不止是煦煦矜
怜之而已。"

②济人之急，救人之危：济，帮助，救助。人有紧要需用，叫做急。人有
祸难将死，叫做危。

【译文】看到人造作恶业，应该怜悯他，要想法设法劝他改悔。
看到人作善事，请替他感到高兴，更要鼓励他成就善举。要帮助有
紧急需要的人，要拯救处于危难中的人。

见人之得，如己之得①。见人之失，如己之失②。

【注释】①见人之得，如己之得：得，《说文》："得，行有所得也。"本义得到，获得。

②见人之失，如己之失：《说文》："失，纵也。"段注："在手而逸去为失。"《感应篇汇编》云："今人见人得失，不能如己得失，只是一片私心为着自己，要得怕失，便动了惟恐人得，宁使人失之念。起初还只利己，后来渐至妒人。然忌成乐败，何与人事？徒自坏心术，而种恶因以自害耳。不知圣贤功夫，原要消除我见；达人见识，亦须打破俗情。若悟人己一原，得失天命，则见人之得，不但不妒，还要百般扶持。见人之失，不但不喜，兼且多方救护矣。此自己真实受用处。

【译文】见到人家有所获得，毫无妒忌之心，如自己有所获得一样高兴。见到人家有所失去，要有悲悯之心，如同自己有所失去一样。

不彰人短，不炫己长①。遏恶扬善②，推多取少③。

【注释】①不彰人短，不炫己长：彰，是显说。炫，是夸口。凡技艺拙，做事陋，都叫做短；技艺高，处事当，都叫做长。《感应篇汇编》云："人之有短，如闻父母之名，耳可得闻，口不可得言也。然口固不可得言，而耳亦不可得闻，则更上也。大抵人孰无短？彰之则不免传播，减闻望而堕素守，咎将谁执耶？苟非无忌惮之小人，不为此也。己之有长，如同良贾之财，深藏则善，浅露则危也。人生必有所长，要在韬晦涵养，日新又新，然后可以成德。老子曰：'盛德容貌若愚。'子思曰：'闇然日章。'圣训昭然，人当自省。"

②遏恶扬善：遏，是阻住。扬，是表奖。《感应篇汇编》云："道曰：'遏恶扬善。'佛曰：'止恶行善。'儒曰：'隐恶扬善。'三教之言，如出一口。是知圣人心体，虚灵洞澈，纤欲不留，如明镜照形，随照随现，随现随化。故见恶

便自消融，见善便能昭朗。遏之扬之，无非复完众生本来性体而已。"

③推多取少：推，是推让。《感应篇汇编》云："此句所指甚广，如兄弟分产，朋友交财等类。但兄弟义属天伦，财为外物，更当推让耳。《遗教经》曰：'多欲之人，多求利故，苦恼亦多；少欲之人，无求无欲，则无此患。若欲脱诸苦恼，当观知足。知足之法，即是富乐安隐之处。知足之人，虽卧地上，犹为安乐；不知足者，虽处天堂，亦不称意。'故知人能推多取少，自然心地平夷，对境无侵，常行知足。"

【译文】绝不能宣扬人的短处，也不可以炫耀自己的长处。要遏止恶行，发扬善德。在与人分取财物的时候，要推让多的，只取少的。

受辱不怨，受宠若惊①。施恩不求报，与人不追悔②。

【注释】①受辱不怨，受宠若惊：辱，凡受人欺侮，到不堪情状处，叫做辱。宠，凡登科做官，及一应荣华，都叫做宠。《感应篇汇编》云："耻辱之来，惟当自问，屈在己耶？所应辱矣；屈在彼耶？则辱所不应，辱己，仍无辱矣。非不当怨，实无可怨也。自古大智大勇，必能忍小耻小忿，乃能任大事，成大功。岂局量褊浅者所知耶？荣宠之及，虽分所应得，亦当知几知足。有弗克负荷，若惊若惧之意。盖福兮祸所倚，日中则昃，月盈则缺，理固然也。至于君上，恩如天地，若不实图报效，臣子何以自安？岂不更可惊乎？"

②施恩不求报，与人不追悔：施恩，是加惠。与人，是把财物授人。《感应篇汇编》云："施恩求报，则贪心未忘；与人追悔，则吝心未化。贪而且吝，君子不为。《金刚经》曰：'菩萨于法，应无所住而行布施。'又曰：'若菩萨不住相布施，其福德不可思量。'由此观之，人能以财济人，内不见有能施之我，外不见有受施之人，中不见有所施之物，是谓三轮体空。一心清

净，则斗粟称无涯之福，一文消千劫之灾。若微有求报之心，虽施黄金万镒，终不圆满一心之量也。至于'追悔'二字，尤人生大关键处。恶事追悔之，则将来恶念渐止；善事追悔之，则将来善念不生矣。人而施与后悔，莫如不施不与之为愈也。"

【译文】受到他人的侮辱，不可以有怨恨之心；受到宠幸的时候，要如同受到惊吓一样，保持警惕；布施恩德与人，不要求他人的回报；给与人财物千万不要给出去了又后悔。

所谓善人①，人皆敬之②，天道佑之③，福禄随之④，众邪远之⑤，神灵卫之⑥，所作必成，神仙可冀⑦。

【注释】①所谓善人：把上面各条，做得切实，才叫做是善人了。

②人皆敬之：敬，恭敬。《感应篇汇编》云："善者，人所固有，一触便动。虽是愚夫愚妇，若闻一善事，必定大家称扬。凭你极凶恶，见了善人，也不敢相犯。盖良心之发，自有不能已者。'敬之'而言'人皆'者，必其人之道德，真有可敬，无一人不然也。"

③天道佑之：佑，保护佑助。《感应篇汇编》云："'天道无亲，常与善人。'不言而巧应，不召而自来。我果有以格之，无往不为所佑者也。然惟自尽人事，诚心无间，所以终至格天。《救劫经》曰'一心如此，听命于天。'可见非有一毫将迎希冀心也。"

④福禄随之：福，福气，福运。禄，亦指福。《说文》："禄，福也。"此指爵禄。《感应篇汇编》云："圣贤君子，言善行善，和气感召，自然佳祥协应。《诗》曰：'乐只君子，福禄申之。'即随之之说也。"

⑤众邪远之：邪，不正当，不正派。《感应篇汇编》云："邪正不两立。正之所至，邪自不容，譬如太阳一出，则冰雪自化耳。李吉甫曰：'神好正直，

守直则神绥；妖不胜德，失德则妖盛。理之自然也。'"

⑥神灵卫之：卫，保卫，防护。《感应篇汇编》云："神人一理。人之所敬，神亦加护。所谓道德既重，则鬼神俱钦。"

⑦所作必成，神仙可冀：成，完成，成就。冀，希望。《感应篇汇编》云："世间无不成之事，天下皆可作之人。惟以实心行善，则人事既合天心，而天意岂违人愿？自然默助，行无不通，作无不成矣。"又云："太上，道家之祖，故专以求仙为言。孟子曰：'人皆可以为尧舜。'震旦禅宗六祖曰：'但用此心，直了成佛。'三教圣人，何以言之？若合符节也。夫仙可冀，佛可成，尧舜可为，而况世之功名、富贵、长寿、男女，又何求而不可得乎？亦视其人之所作耳。"

【译文】能够把以上诸条都做实了，就是善人了。这样的人，到哪里人人都会礼敬他，上天也会在冥冥中护佑他，福报与爵禄会时时跟随他，各种邪恶之事都会远离他，各种神灵都会在暗中保卫他，他作什么事情都能够圆满完成，甚至有希望成为人人梦寐以求的神仙。

欲求天仙①者，当立②一千三百善。欲求地仙③者，当立三百善。

【注释】①天仙：《感应篇直讲》云："功行圆满，超居洞天，叫做天仙。"

②立：积的意思。

③地仙：《感应篇直讲》云："炼形住世，长生不死，叫做地仙。"

【译文】想要功行圆满，超居洞天，将来成为天仙，要积累一千三百件善事，想要炼形住世，长生不死，成为地仙，要积累三百件善事。

苟或非义而动，背理而行^①。以恶为能^②，忍作残害^③。

【注释】①苟或非义而动，背理而行：苟或，是如果。非，是违反。《感应篇汇编》云："自此至'死亦及之'，详言为恶召祸之事。二句是总摄提纲，与'是道则进'二句相反。动者萌于心，行者见于事。太上先以此二句为言，教人于举心动念，出言行事之始，谛审思惟，有懔然不可踰越之意。"

②以恶为能：《感应篇汇编》云："此句专就人事上说。人性本善，尔乃以恶为能，是失其性善之体矣。愚谓此四字，乃千万世大大小小恶人受病之根也，故列于诸恶之首。人虽极愚，未有甘为恶人者，然亦未有不欲为能人者。只缘错认'能'字，所以愈做愈差。其始也，曰：'能人有用，不能人无用。能人有人怕惧，不能受人欺侮。'迨其久也，亦自知其为恶，遂俨然以恶人自居而不讳，而文之以美名焉。"

③忍作残害：残害，是伤害。《感应篇汇编》云："此句专就物命上说，大德曰生，尔乃忍作残害。夫残伤毒害，恶之至大，而更出于忍，则任意所至，无一毫恻隐怜悯之心矣。诸善本于一慈，诸恶本于一忍。去忍而慈，圣贤佛仙之功在是矣。"

【译文】如果违背道义而动恶念，行恶事，违背天理的行事，反而以为做恶事是能耐，忍心做出伤人害物的事情来。

阴贼良善^①，暗侮君亲^②。慢其先生^③，叛其所事^④。

【注释】①阴贼良善：《感应篇汇编》云："阴贼，阴谋贼害也。如暗箭伤人,最为难防。且人由我害,而我不任恶名,此魑魅魍魉之尤者。施之余人皆不可,施之良善,则尤不可。盖良善者,民之望也,在一国,则一国重;在一乡,则一乡重。其可阴贼之乎?"

②暗侮君亲:《感应篇汇编》云:"暗,人所不见闻之处。侮,欺也。此句专为好名及矫情者发,君亲恩同天地,苟食禄尽事,贪利徇私,或奸谀肆其欺罔,此心不可与君知,是暗侮君也;奉养不诚,处身不肖,或粉饰盖其违忤,此心不可与亲知,是暗侮亲也。不忠不孝,害教叛道,孰过于此!生遭天祸,殁拷酆都,必也无逭乎。"

③慢其先生:慢,指态度冷淡,不殷勤,不礼貌。先生,指老师。《感应篇汇编》云:"先生者,所以传道、授业、解惑者也。父母生我之身,尤必先生成我之学,故其尊与亲君并重。今人延师教子,往往多出虚文,吝财亏礼,甚或言词不逊,体貌反常,有心夷落之,此辈固去禽兽无几。至为先生者,开悟小子,阴德最大,岂可受人束修供奉,而放纵不严,致令人材有不成之患哉?代作课艺,欺瞒父兄,贪图财帛,贿买功名,吾不知其报应,又当何如也。慢先生固不可,先生而为人所慢,抑又不可也。"

④叛其所事:《感应篇汇编》云:"事,是以下事上,如属吏之于上官,部卒之于将帅,仆妾之于主翁,皆事也。叛者,非必显然背逆,但缓急非所倚,利害不相恤,即名为叛矣。"

【译文】阴谋残害心地善良的人,暗中侮慢领导和父母双亲,对教导我们的老师、先生怠慢、冷漠,背叛其所事奉的领导。

诳诸无识①,谤诸同学②。虚诬诈伪③,攻讦宗亲④。

【注释】①诳诸无识:诳是欺骗,无识,无知的意思。《感应篇汇编》云:"无识之人,正当随事晓醒,警之以义理,动之以善恶,使至觉悟而不堕于惑,岂可因其易欺而诳之哉!《楞严经》曰:'炫惑无识,疑误众生,死后当堕入无间地狱。'吁! 人何苦而为此耶。"

②谤诸同学:谤是指恶意攻击别人,说别人的坏话。《感应篇汇编》云:"同学之友,情同兄弟,况友居人伦之一,岂可妄加毁谤,存满腹之戈矛乎? 佛言:'人处朋友,彼此皆有五事:一者,彼此若作恶业,当递相劝止;二者,彼此若有难疾,当看顾调治;三者,彼此有家怀语,不得为外人说;四者,当各相敬叹,不断往来,不得记怨;五者,彼此贫富不等,当用扶济,不得互相诽谤。'"

③虚诬诈伪:《感应篇汇编》云:"漫无根据曰虚,妄有污蔑曰诬,诡计蒙人曰诈,矫情欺世曰伪。分言则四,合言则为不诚也。诚者天之道也,思诚者人之道也。今舍诚而虚诬诈伪,非戾天道而失人道乎? 其心甚劳,其事甚危,乃天下第一等薄福相也。不入三恶,其将何归? 清益都孙廷铨,朴诚无华,故清世祖尝呼之为孙老实。每部堂员缺,辄曰:'还是用孙老实。'凡三呼孙老实,而大拜矣。老实何尝误人哉!"

④攻讦宗亲:《感应篇汇编》云:"同姓曰宗,异姓曰亲,虽有远近亲疏不等,实皆我身关切之人也。当待以亲爱忠诚,同患难,赈困乏,家丑互藏,外侮同御。而可彼我相争,丝毫必较,忿疾倾夺,伺察攻讦乎? 披其枝者伤其心,伐其根者斩其脉,戒哉!"

【译文】欺骗那些无知的人,诽谤一起学习的同学;用虚假、诬陷、诈骗、欺伪的手段,来攻击他人。还斥宗族和亲戚的隐私或过失,而加以攻击。

刚强不仁^①,狠戾自用^②。是非不当^③,向背乖宜^④。

【注释】①刚强不仁:《感应篇汇编》云:"孔子所取之刚毅,主于理者也；太上所戒之刚强，动于气者也。医家名痿痹之证曰不仁，以其不知痛痒也。好刚使气之人，待人遇物，不知痛痒，纯是杀机，俗所谓铁硬心肠是也，乌能仁哉！然刚强未有不摧折者，若吃过几番大亏，渐渐化而柔弱，是刚强者之万幸也。我日望之。"

②狠戾自用：狠戾，指凶恶残暴。《感应篇汇编》云："凡人行事，用人则智，自用则愚。自用不可，况于狠戾？佛言：'狠戾如恶马。'言难调也。人而狠戾，一切执拗，自以为是，不肯服人。善友知识，谁来相亲？善言名理，谁来相告？造恶招尤之原，莫此为甚。"

③是非不当：《感应篇汇编》云："君子丰仁义之干，固礼义之防，则可以审好恶之公，定是非之当。夫是非在一人，则系一人臧否；在一乡，则系一乡利害；在天下，则系天下安危。何可不慎？而率意不当，非是是非哉！"

④向背乖宜：《感应篇汇编》云："向，是当趋向的，所谓好人好事也。背，是当违背的，所谓邪人邪事也。向邪背正，谓之乖宜。一时之失，终身败裂。可不谨乎？"

【译文】做人刚强横烈，没有仁爱之心。性情凶狠暴戾，还又刚愎自用，自以为是。没有正确的是非观念，对于恶人做坏事，反而说他是对的；对于善人做好事，反而说他不对。这样地认定是非，就显得太不允当了啊！

虐下取功①，谄上希旨②。受恩不感③，念怨不休④。

【注释】①虐下取功：《感应篇汇编》云："烛遇夜，则成破暗之功。舟得水，则成载物之功。大抵水到渠成，功将自著，固无待乎取也。苟有意取之，则凡为将之纵军抢杀，为吏之妄加赋役，为刑官之多入人罪，皆可不必顾惜，任意行之矣。然此皆以百姓之膏血，易一人之功名。功则得矣，不过升官；祸亦至矣，岂止杀身？人虽极愚，断不至此。"

②谄上希旨：《感应篇汇编》云："谄是奉承；希是赞助。上意未决，犹可挽回，惟至有人逢迎，则坚而不可转矣。此不独臣之于君，如属官迎合上司，绅士迎合官府，吏役迎合本官，奴仆婢妾迎合家主皆是。凡居上者，事事皆当循理，慎不可贪图自私自利，使人有隙而投。"

③受恩不感：《感应篇汇编》云："一饭之恩，古人必报。报即无力，心必铭感。念兹在兹，不可或忘。《智度论》曰：'受恩不感，甚于畜生。'旨言哉！然恩有大焉者：一天地，二父母，三国王，四师长。或有人愦愦一生，四恩未报，而但沾沾于私恩小惠，是又弃本逐末，非报恩者矣。

④念怨不休：怨，仇恨。《感应篇汇编》云："君父之仇，骨肉之恨，君子自有以直报怨之道。至于私仇小怨，可以理遣，可以情恕，便当冰释。若念之不休，则怨怨相报，岂有已时？"

【译文】做官的人，竟然实施暴政，虐待下属和民众，以贪取功劳和奖赏。又谄媚奉承在上位的领导，以迎合他的意旨。受到人家的恩惠，不但不想到要感恩图报，竟然还做出忘恩负义的事情来。对于有仇怨的人，不想到要以德报怨，却怀恨在心，寻机报复；而且还念念不忘，不肯罢休。

轻蔑天民①，扰乱国政②。赏及非义③，刑及无辜④。

【注释】①轻蔑天民：《感应篇汇编》云："帝天之命，主于民心，凡此苍生，皆上帝之赤子，故曰天民。天之爱民至矣，其立君立相，立百有司，无非为此民也。其生豪杰，生圣贤，成仙佛，成神明，亦无非为此民也。其布五行，长万物，奠山川，定劫运，开治乱，审报应，亦无非为此民也。故《周礼》献民数于王，王必拜而受之；仲尼式负版者。然则天民固可轻蔑乎？"

②扰乱国政:《感应篇汇编》云:"国家须养和平之福,不可恣意变更。即有建置更革,须要十分详慎。若只一人之私意变更,率情轻议,则有了一番施行,即有一番扰害。况祖宗成法,有司久已奉行,民亦安以为便,何必纷更扰乱耶?"

③赏及非义:《感应篇汇编》云:"赏之为道,崇德报功,朝廷激劝人心之大典也,不宜及而及之,曰非义。乖是非,弛法纪,长恶阿私,举枉错直,最干天怒。司爵赏者,能不慎之?"

④刑及无辜:《感应篇汇编》云:"刑以惩恶,圣人不得已而制之,本非吉祥善事。刑当其罪,尚且哀矜勿喜。故古人慎刑,详审明辩。若滥及无辜,不惟失听断明允之公,亦有乖上帝好生之意。况杀人者死,律有明条。今刑及无辜者,所杀不止一人,受报止我一身,抵命之法,不知当如何也。吁!此等罪业,即素行公廉者,尤不免于疑似之际。偏执意见,不为虚心详察,遂至夜台饮恨,怨怨不舍,矧漫不存心者乎?可畏哉!"

【译文】做了官,不但不爱国爱民,反而任意地轻视欺侮天下的人民。还扰乱国家的政务,破坏社会的秩序!不能够赏善罚恶,以劝善惩恶,竟然奖赏到不义的恶人。不能够公平公正地运用刑罚,竟然刑罚到无辜的好人,使他们含冤受屈。

杀人取财①,倾人取位②。诛降戮服③,贬正排贤④。

【注释】①杀人取财:《感应篇汇编》云:"杀人取财,不必尽是强盗。如贪吏取财,毙人于刑狱之中;豪家嗜财,迫人于颠沛之际;忍人图财,害人于险难之地;庸医为财,致人于危急之时,皆是从财起见,其杀人一也。"

②倾人取位:《感应篇汇编》云:"一官一职,皆有义命。下僚修善,可至巍显。平人为善,可沾官禄。若阴险相倾,坑人取位,则倾人者还为人倾,夺

人者终为人夺。报应之速,翘足可待。"

③诛降戮服:《感应篇汇编》云:"兵凶战危,圣人不得已而用之。故古者杀敌众多,则以悲哀怜之;战胜,则以丧礼处之。至于归降服顺,更当怜悯抚谕。若已降服而又诛戮之,忍心造业,祸莫大焉。"

④贬正排贤:《感应篇汇编》云:"放之远方曰贬,陷之失位曰排。正人贤士,国家之桢干,所当柄用,庶几朝廷有人,中外知畏。若忌其异己,而多方贬排之,妨贤病国,罪恶孰甚!"

【译文】为了夺取人家的财富,竟故意把人杀害,为了夺取他人的官位,就用不好的事情去陷害别人。已经投降诚服的贼寇,竟然将其处死。贬谪正直的官吏,是他们被流放到边远的地方;排挤贤良的同僚,让他们因此而失去官位。

凌孤逼寡①,弃法受贿②。以直为曲,以曲为直③。

【注释】①凌孤逼寡:《感应篇汇编》云:"盖孤寡,人生之不幸,天地之所重,岂可幸其无依,乘机骗害,或侵产夺财,或诡派差役,恃势恐吓,使孤寡流离,无所控诉?毋论鬼神伺察,报应不贷,且思孤亦人子也,寡亦人妻也,请将我子我妻,一反观之。"

②弃法受贿:《感应篇汇编》云:"太上言曲直轻重,首以'弃法受赂'为言,盖曲直轻重,自有一定之法。惟意在得钱,故任赂己者之所请而颠倒之,若不知有法然,出死入生,而民无所措手足。独不念天怒人怨,必罹奇祸乎?"

③以直为曲,以曲为直:曲,不公正,不合理。直,公正合理。《感应篇汇编》云:"两讼在官,曲直未定,生死与夺,在吾一言,岂可轻忽?今乃曲直颠倒,非因受赂,即是徇情,否则率意卤莽。有一于此,岂宜居官为民上乎?"

【译文】欺凌失去父母的孤儿，逼迫失去丈夫的寡妇。做官的竟然敢不顾国家的法律，接受人家的贿赂。在审判诉讼的时候，把理直的变成理曲的，把理曲的反认为是理直的。

入轻为重^①，见杀加怒^②。知过不改，知善不为^③。

【注释】①入轻为重：《感应篇汇编》云："书曰：'罪疑惟轻。'又曰：'宁失出，毋失入。'乃故意入轻为重，圣人恤刑之意安在乎？人命关天，有司最宜留意。"

②见杀加怒：《感应篇汇编》云："曾子曰：'如得其情，则哀矜而勿喜。'此言有罪之人，当其受刑之时，犹当原其犯事之情，不可率意加刑也。况死者不可复生，虽彼罪由自取，然目击心伤，方且掩面挥泪之不暇，加怒何为？忍心极矣！至于六畜禽鱼，被人宰杀，更当怜其无罪无辜，方便救护。若见而加怒，则残虐嗜杀之恶人而已。"

③知过不改，知善不为：《感应篇汇编》云："文殊菩萨白佛言：'少年造孽，到老修行，得成佛否？'佛言：'苦海无边，回头是岸。'圆悟禅师曰：'人谁无过？过而能改，善莫大焉。唯君子能改过迁善，则其德日新；小人则蔽愆饰非，故其恶弥著。''小人之过也必文。'太上所以谆谆诫之。何龙图曰：'有口过、有身过、有心过，善改恶者，只当灵灵惺惺，力去执吝，研勘入微，剥换到底，精修无已，致曲有诚矣。圣学、佛学、玄学，皆渊微不易言。然下学之法，可贯三教者，改过而已。'"

【译文】把应该判轻刑的人，却把他判了重刑。看见有人被判死刑，执行死刑的时候，没有哀怜之心，反而加以嗔怒！知道自己身上的过失，却不肯改悔。知道是善事，却不敢直下承担地去做。

自罪引他^①，壅塞方术^②。讪谤贤圣^③，侵凌道德^④。

【注释】①自罪引他：《感应篇汇编》云："罪由己犯，及事发，乃牵引他人，谚所谓'拖人下水'也。其意非图饰漏，即系仇扳。孰知己过终不可掩，他人终不可诬，徒孽中造孽耳。纵逃王法，难免天诛。"

②壅塞方术：《感应篇汇编》云："方术，如医卜星相，及一技一艺皆是。浅者藉以养生，高者用以济世。若壅塞之，使不得行，亦是吾道之不广，而四方多饥寒失业之人矣。至邪师、庸医，伤教误命。及烧炼方士等类，俱不得援此为例，所当禁制者也。而士庶人家，须要清严门户，凡三姑六婆，俱宜戒绝。纵有往来，亦当视其人。诚端本杜微之道也。"

③讪谤贤圣：《感应篇汇编》云："讪，是戏侮。谤，是非毁。讪谤有二种人，一是愚痴昧其影响，是名瓮里憎天；一是才辩煽其风波，是名水中捉月。圣贤，儒释道三教也。儒以正设教，释以大设教，道以尊设教。观其好生恶杀，同一仁也。视人犹己，同一公也。惩忿窒欲，禁过防非，同一操修也。雷霆众聩，日月群盲，同一风化也。由粗迹而论，天下之理，不过善恶二途。三教之意，无非教人之改恶从善耳。由心地法门而论，则无不归一。故宋孝宗《原道辨》曰：'以佛治心，以道治身，以儒治世。'诚知心也、身也、世也，不容有一之不治，则三教岂容有一之不立哉？今之儒者，或以圣辟佛，或以佛驾于圣；今之僧道，或为佛而灭道，或为道而议佛，总皆我见能所，谬分大道。抑知三教原无同异，惟患妄生臆见，以私意卜度，以浮心骋辩耳！上智者，果能平心融会，直探源头，则知佛之明心见性，去迷求悟；道之清心寡欲，积功累行；儒之致知格物，正心诚意，摄化多方，无有乖戾，总归引人入道而已，有何名相之可以执持哉？故知三教正法，同为万世生灵之眼目也。讪谤之者，胡为自造拔舌之因乎？至于经典、书籍、字纸，乃圣贤精神所寄托，作践之者，与讪谤同罪。"

④侵凌道德：《感应篇汇编》云："世间道德之人，如读书明理之儒

士，刻苦修行之僧道，言为法则，行则楷模，超等出伦，天地正气之所钟也。爱敬不暇，何可侵凌耶？"

【译文】自己犯了罪，不肯承认，反而牵引他人，希望推卸自己的罪责。故意阻挠医、星相或是一技一艺等类的方术，使他们不能够用所学的方术，来养家糊口，济助世人。对于古圣先贤的教诲，不能够恭敬地学习奉行，反而任意地毁谤。遇到有道有德的人，不懂得尊敬和亲近，反而侵犯、欺凌他。

射飞逐走①，发蛰惊栖②，填穴覆巢③，伤胎破卵④。

【注释】①射飞逐走：飞，飞禽；走，走兽。《感应篇汇编》云："射，不止用弓箭，凡火枪、鸟铳、药弩、弹弓、粘竿、扣索、网缗皆是。或卖银钱，或贪口腹，杀机布处，飞禽陨命，折项惊群，穿胸贯髓，苦何如之！仁人当倍发慈心，食之者，何忍结必复之怨仇，充我可减之肴馔？业之者，何苦造无穷之怨孽，盈我有限之囊资耶？"

②发蛰惊栖：蛰，动物冬眠，藏起来不吃不动。栖，鸟禽歇宿。《感应篇汇编》云："虫之伏蛰，发之必伤，故太上书以戒人，而诸佛尤皆爱惜也。人可不体此意而妄有所发乎？鸟之既栖，如人已寝；忽尔有惊，岂不举家扰乱？太上之戒与孔子'弋不射宿'意同也。《仙经》曰：'凡人随时方便救物，必获福德长寿之报。'"

③填穴覆巢：《感应篇汇编》云："穴者，一切含灵聚居之所。自人视之，固一穴也，自彼则安土宁家，与人无二，岂可填塞之？断生门，绝出路，且覆其宗族矣，忍何如之？巢者，一切大小禽鸟，依止其中，哺乳产生，所以避风雨、霜雪、网缯、弹射，以自藏护者也。若不仁者覆之，与毁宅焚舍何异？岂不致之死地乎？"

④伤胎破卵：胎，人或其他哺乳动物母体内的幼体。卵，特指动物的蛋。《感应篇汇编》云："或曰：'仁民而后爱物。今止教人爱物何也？'曰：'仁民易，爱物难。忍于害物，则必忍于害人。不忍于害物，则待人可知矣。'故《华严经》曰：'我尚不忍与一蚁子作苦事，何况人耶？'成汤推解网之心以及人，故仁覆天下；齐王不忍一牛之觳觫，充之足以保四海；使白起能存爱物之心，则长平四十万人，可以不坑矣。故爱物爱人，同一仁也。"

【译文】射杀飞禽，逐捕走兽。发掘蛰伏在土里的虫子，惊扰栖息在树上的鸟儿。填塞虫蚁居住的洞穴，翻倒禽鸟栖息的鸟巢。伤害动物的胞胎，破坏它们的蛋卵。这些都是杀生的行为。

愿人有失①，毁人成功②。危人自安③，减人自益④。

【注释】①愿人有失：《感应篇汇编》云："人之有失，盖不幸也；不为哀矜，而反愿之，是幸灾乐祸也。彼既以灾祸为可幸可乐，则灾祸安得不随之耶？是失不在人，而反在己矣。人虽至愚，当不为此。"

②毁人成功：《感应篇汇编》云："毁有二义：一是毁坏，一是毁谮。人之欲立功者，无论大小，莫不竭力图成，而我必挠阻败毁之，心术真同蛇蝎矣。宋真西山曰：'人若闻人一善，当赞和之；闻有诸恶，必力掩之，使之成功，不致爽德。'古人存心如此，况已成功而毁之哉？"

③危人自安：《感应篇汇编》云："千经万典，只论个心字。今乃与人同处祸患，竟欲令人当其危险，而我则居其安乎？先丧本心矣。"

④减人自益：《感应篇汇编》云："天下惟益人者，方能自益；苟无益于人，而有益于己，尚非真益也。况减损他人，自取饶益乎？所谓'只顾已富，不顾他贫'是也。"

【译文】常常愿人失败而幸灾乐祸。毁坏别人的成功，使他功业不能够成就。和他人一起做事，让别人去承当危险，只求自己的安稳。而且还减少别人的利益，只图谋增加自己的利益。

以恶易好①，以私废公②。窃人之能③，蔽人之善④。

【注释】①以恶易好：《感应篇汇编》云："以恶易好，如铁易金，石易玉，布易绸等类。其事不满达观者一笑，而其心则邻于窃矣。四祖曰：'境缘无好丑，好丑从心起。心若不强名，妄情从何起？'"

②以私废公：《感应篇汇编》云："私，以心言；公，以理言。以私意之喜怒恩怨，废公道之是非曲直。上而忠佞不分，则朝廷有朋比之祸；下而邪正不审，则朋友乡党，有党同伐异之嫌。更进而爱憎不当，则家人父子，至亲骨肉亦成怨薮。人情之蔽，莫甚于此。无论贤愚贵贱，人人皆坐此病，但有甚有不甚耳。知其蔽者，察理以销偏执之性，平心以化城府之见，便是大学问、大手段人矣。"

③窃人之能：《感应篇汇编》云："窃者，非其有而取之之谓，如窃人之文，以为己作；窃人之谋，以为己画；窃人之功，以为己之所成；窃师傅之教诲，以为己之识见。皆是自欺欺人之事，获谴必矣。"

④蔽人之善：《感应篇汇编》云："蔽者，盖也，使不露也。佛经曰：'善之一字，最能成就世人一切行愿。'故人有一言一行之善，所当表而扬之，惟恐不能光显。则不但成本人之令名，且可动他人之善念。彼传此劝，兴起实多，亦乐事也，奈何蔽之？蔽之者，必其中毫无好善之心，兼怀嫉妒之念，故不欲显人之美，以形己之恶，此天下之不祥人也。"

【译文】和人交易的时候，竟然把坏的东西，暗自换了好的东西。为了自己的私心，而废弃了公道正理。窃取他人的技能，据为己有。掩盖和隐蔽他人的善行，不使别人知道。

形人之丑^①，讦人之私^②。耗人货财^③，离人骨肉^④。

【注释】①形人之丑：《感应篇汇编》云："人之丑行，所谓言之辱而不可闻于人者也。尔乃形容暴露之，则厚道既伤，阴骘随捐矣。《盘山语录》云：'修行人，大忌说人是非好丑。乃至一切世事，非干己者，口不可说，心不可思，但口说心思，便是昧了自己。若专炼心，恒搜己过，那得有工夫管他家屋里事？粉骨碎身，唯心莫动，收拾自心，时时刻刻体究自己本命元辰端的处。'由此观之，人当自治为急，念念恐自家身心有错，尚眼管及他人耶？"

②讦人之私：《感应篇汇编》云："指斥攻发之谓讦。私者，昧暗不光之事也。人非圣贤，谁无阴私？我本不应伺得之，若窥诸屋漏，而播诸大庭，使其无容身之地，最为险毒。天怒人怨，种祸非小，戒之戒之！"

③耗人货财：《感应篇汇编》云："此指一辈奸恶小人，蛊惑愚痴之人，诱之嫖赌、斗讼、烧炼等事，而己得于中取利者言也。不肖弟，为其所愚，不顾父祖创业艰难，一旦败尽，家丧身亡。揆厥所由，系谁之咎？其能免于恶报乎？"

④离人骨肉：《感应篇汇编》云："离有二义：一是追迫债欠，及吏役勒索，令人卖男鬻女；一是挟私搬挑，唆间参商，皆不仁之甚也。不知骨肉者，血属也，天性存之，天伦寓焉。故仁人见人之骨肉，贫困难存者，助以财力，使之安全；怨隙不和者，与之调化，使之敦好。此修真之要路也。"

【译文】不顾他人的颜面，竟敢去形容别人的丑事，暴露他人的丑行！甚至揭发他人的隐私，四处传播。消耗别人的货财，从中谋取利益。为了追讨债务挑拨离间，使别人的骨肉至亲分离或是不和。

侵人所爱^①，助人为非^②，逞志作威^③，辱人求胜^④。

【注释】①侵人所爱:《感应篇汇编》云:"人有所爱,如田地屋产,书籍玩好,器皿衣饰等类,必欲设计侵而夺之,其去劫盗几何哉?于铁樵曰:'物无美恶,爱者为珍;人侵我之所爱,我心如何?'鲁子晋曰:'此际若作我有所爱,被人侵夺想,不怕贪念不息也。'"

②助人为非:《感应篇汇编》云:"助人为非,即成人之恶,不能导人于善皆是。佛言:'说法教化,名为法施。能令众生,听法闻道。以是因缘,得无量善报。'《功过格》曰:'教人为非,一事一过。事之大者,随事论过。积是恶因,得无量恶报。'愚谓导人于善,则人善皆为己善,而己善日纯;助人为恶,则人恶悉为己恶,而己恶日增。其善恶之归,悬如天壤。故祸福之应,判若云泥。人其知所弃从乎?"

③逞志作威:《感应篇汇编》云:"君子正直律己,和惠待人,人自畏而爱之。若动逞威棱,即有慑服,而人不怀德,何以居人上乎?"

④辱人求胜:《感应篇汇编》云:"以理折人,犹恐起人角胜之心,以至扞格而不入。况理本屈,而强加横辱,以求胜乎?鲁子晋曰:'耻心,人皆有之,谁肯甘心受辱者?乃于此中求胜。天道好还,辱人还自辱矣。'"

【译文】把别人喜爱的东西,侵夺为己有。帮助他人作不义的事情,共同去做坏事。任意地自作威势,来欺凌别人,甚至还侮辱他人,以求得自己的胜利。

败人苗稼①,破人婚姻②。苟富而骄③,苟免无耻④。

【注释】①败人苗稼:《感应篇汇编》云:"民以谷为命,况农夫春耕夏耘,多少勤劬,官粮私债,皆仰赖于此。岂可阻水利以旱之,溃堤防以淹之,纵牲畜以践食之?使天地所生者,不得收成,人力虚而无功。何不仁之甚乎?然不特此也。在上者,不重农时,不讲水利,是亦败之之类,而亦可以以此罪律之矣。"

②破人婚姻：《感应篇汇编》云："有夫妇而后有父子，婚姻之道大矣。破有数等：有百计非毁，而破于未合之先者；有多方阻挠，而破于将合之际者；有无风起浪，而破于既合之后者。岂知婚姻天定，人焉能破？其或为人所破者，毕竟非婚姻也。然离合由天，而起心破之，则爱乎人，其罪与杀人等也。呜呼！造恶之人，何必徒丧良心，自罹大孽乎？至于夫妇既翕，或岳家以婿贱而生离间；或尊人以媳贫而信谮谤。是又贼爱杀人，倍于挺刃，不可不戒。若夫嫌贫悔盟，恃强夺娶，尤于天理有害。倘官司徇情曲断，所供成案，即作离书，阴骘大损，谴责必深。斯又涉世居官者，所当戒也。"

③苟富而骄：《感应篇汇编》云："苟，即《论语》'苟富矣'之'苟'。言不必大富也，但苟富焉，即骄耳。分明写出小人乍富，无知妄作的光景。盖富而骄，骄则侈，侈则费，费则贪取不义，剥人肥己，必至恃财桀骜，凌邻里，慢亲朋，自奉千金可挥，待人一毛不拔。然炎炎易尽，天道忌盈，骄未加人，祸先及己。此则万不爽一者耳。"

④苟免无耻：《感应篇汇编》云："佛言：'我有二白法，能救一切众生。何名二白？一曰惭，二曰愧。'夫子曰：'行己有耻。'礼曰：'临难毋苟免。'今也苟免，而又复无耻，人斯下矣。"

【译文】 毁坏别人所种植的禾苗和庄稼。破坏别人的婚姻和家庭。苟且变得富裕，侥幸得到财富，就骄慢自大起来。做了不当的事情，苟且幸免于受罚，竟然毫无羞耻之心。

认恩推过①，嫁祸卖恶②。沽买虚誉③，包贮险心④。

【注释】 ①认恩推过：《感应篇汇编》云："恩非己出，而冒认之，不过一时讨好之计，究之必得其实。其人不特不感，而反薄其诬。过实己出，而推委之，不过一时卸火之计，究之必得其真。他人不特不恕，而益憎其狡。所谓小人枉自为小人也。"

②嫁祸卖恶：《感应篇汇编》云："嫁祸如嫁女于人，人亦愿娶。卖恶如卖物于人，人亦愿买。此等机械甚深，受报必惨，终至祸自及而恶自归。亦何益哉！"

③沽买虚誉：沽，也是买的意思。《感应篇汇编》云："庄子曰：'名者，实之宾也。'何可沽买哉！沽买，有散财邀致，设饵勾引，行术笼络之意。每见古来忠臣孝子、节妇正士，身被荣名，必遭困抑。所以然者，名亦福也，造物不肯以全福与人。丰兹啬彼，必然之数。况无实沽誉者，其所挫更何如哉！"

④包贮险心：《感应篇汇编》云："《楞严经》云：'当平心地，则世界地一切皆平。'盖心地之险，包藏于中，使人不觉，伏戈矛于谈笑，设陷阱于绸缪，机深械密，山川不足踰其险也。包贮，有固不可破，密不可窥之意。了凡先生曰：'造物所最恶者，莫甚于机，故天报深险之人，或有时而过当。'信然！"

【译文】把别人的恩德，冒认为是自己所作，以讨好他人；把自己的过失，推脱到别人的身上，而推卸自己的责任。沽买虚假的名誉，以求获得利益或赞扬。表面装出一脸和善的样子，但心里却包藏着阴险害人的心机。

挫人所长①，护己所短②。乘威迫胁③，纵暴杀伤④。

【注释】①挫人所长：《感应篇汇编》云："君子乐道人之善，不掩人之所长，正当涵育熏陶，使之造极臻妙，以尽其才。若挫抑之，令之气丧意沮，不得扩充，此忮心所致，险毒最甚。"

②护己所短:《感应篇汇编》云:"小人文过护非,不顾天理,彼固自谓得计矣,抑知天宪难逃乎?护,有多方掩饰,坚不肯露之意。人之有疾,亟须医治,讳疾忌医,不为一生之害者鲜矣。朱在庵曰:'护短不但一身,凡子孙、家人、门客,所作过恶,我不防检而养成之皆是。至于父训或严,母氏每欲避子之恶,掩护饰蔽,不使父知。亦护短之大病也。'"

③乘威迫胁:《感应篇汇编》云:"逞志作威,不过暴厉恣睢而已。迫胁,则实实以力劫人矣。如为官者,罪不服而逼之使服,财不与而逼之使与。以至兴一工役,克期取完,催征钱粮,急于星火。及富贵之家,凌逼妇女,逼售田产,倚强索债,恃力催租等事,皆是威胁也。人怨天怒,其不受报者鲜矣。"

④纵暴杀伤:纵暴,肆意地实施暴行。《感应篇汇编》云:"纵暴,将相吏民皆有之,而莫甚于用兵,恣行屠掠。次则折狱,滥及无辜。夫暴已不可,况更纵心为之?恶之显而大者,孰过于此?然有纵暴之权,而行以活人之心,则仁之显而大者,亦无过于此也。"

【译文】他人有长处,反而去挫折他,使其不能够发挥所长。对于自己的短处,处处多加掩护,不知道要悔改。利用自己的权利和威势,逼迫胁制他人。肆意地实施暴行,来伤害他人或者物类的生命。

无故剪裁①,非礼烹宰②。散弃五谷③,劳扰众生④。

【注释】①无故剪裁:《感应篇汇编》云:"蚕妇机女,万缕千丝,无限辛勤,方成布帛。非甚得已,何忍剪裁?即礼不可废,尚宜减省,况无故乎?至罗绮之类,尤宜珍惜。"

②非礼烹宰:《感应篇汇编》云:"礼曰:'天子无故不杀牛。大夫无故不杀羊。士无故不杀犬豕。'孟子曰:'七十者可以食肉矣。'盖圣人好生,不肯暴殄物命。即有时为祭、为宾、为老,猎取禽兽,原是万不得已,然后

用之。非教斯民徇朝夕之供，极口腹之欲，日以割杀为事也。太上慈悲，已言'昆虫草木，犹不可伤'矣。乃为世人说法，不得不降下一流，示出'非礼'二字。懔然范人以不可逾越之意，盖即圣人不得已之心也。《楞伽经》曰：'若一切人不食肉者，亦无有人杀害众生。'今人若于肉食，未能尽除，且渐次方便，除去杀心，学前人四不食戒：一者见杀不食，二者闻杀不食，三者为我杀不食，四者我无事杀不食。奉此四戒，则恒食既可不废，庶于众生无杀害意。至牛犬有功于世，尤宜戒食。夫如是，则于非礼之犯，或少免乎？因将烹宰禽鱼牛犬羊豕诸类证案，备列于后，以垂法戒。"

③散弃五谷：《感应篇汇编》云："从来散弃五谷者，多遭雷震之祸。盖民以食为天，轻之是亵天也，故其报甚重。古者天子亲耕，圣人重粟，凡为生民粒食计者至切也，奈何今人散之弃之？或在田抛撒而不收，或在仓朽烂而不发，或投之水火之中，或委之践踏之下，或食其精而弃其粗，或因其多而置其余，或羹饭已成而妄废，或苗稼未获而先芟，或以饮食饲禽，或以菽麦喂畜，皆是暴殄天物之甚者。'锄禾日当午，汗滴禾下土。谁知盘中餐，粒粒皆辛苦。'试思饥荒之岁，颗粒如珠，何忍于有余之日，而轻弃之乎？使人人宝爱农桑，凶年必无自而致也。"

④劳扰众生：《感应篇汇编》云："众生，指一切百姓。人情孰不欲安乐？若自家欲求安乐，忍使众生劳扰；或自家已处安乐，遂不知众生劳扰。皆不仁之甚也。"

【译文】没有缘故地剪裁布帛或是绸缎。为了自己的口腹之欲，违背礼法烹宰牲畜。任意地浪费五谷粮食。以劳力来惊扰百姓，将百姓视同牛马一般地驱使而不爱惜。

破人之家，取其财宝①。决水放火，以害民居②。

【注释】①破人之家，取其财宝：《感应篇汇编》云："事出无心，偶被破坏，已为损德；况为财宝，而致破人之家乎？或明倚势力，或阴用计谋。然明虐者，国法无逃；而阴谋者，或得漏网，为罪更甚。其甚如何？曰：视人间计赃论罪之法而倍蓰之耳！阴恶惨于阳恶，故阴律必重于阳律也。"

②决水放火，以害民居：决，排除阻塞物，疏通水道。《感应篇汇编》云："火焚水漂，不幸偶值，苦已难堪，何乃忍于决放以害之？民居既坏，资蓄亦空，人物之命，多莫可保。害大恶深，天地其难容乎？"

【译文】破坏他人的家，以夺取人家的财富和宝物。决水冲毁，或是放火焚烧，以毁坏人们居住的房屋和家园。

紊乱规模，以败人功①。损人器物，以穷人用②。

【注释】①紊乱规模，以败人功：紊，乱的意思。《感应篇汇编》云："规模，如一切政教律令之类。天下之得失安危，实皆系之。彼小人者，忌人之功，幸其败坏而紊乱之。不知败彼之功，实是败国之事。害既大矣，罪岂小乎？至于一身一家之事，若紊乱而败之，亦是伤天理、坏良心之人，罪无二也。"

②损人器物，以穷人用：《感应篇汇编》云："器物如文之纸笔，武之刀杖，耕之犁锄，工之斧凿；家则动用器皿，路则伞盖行具；车有輗軏（ní yuè），舟有篙楫（gāo jí）之类。即器物极小，当需用时，所关甚切。若损害之，使临期无措，可恨孰甚？为此者，何心术乎？"

【译文】破坏他人制定的规模，以让他人的事业不能成功。把别人的工具器物故意损坏，让别人要用的时候无法使用。

见他荣贵，愿他流贬①。见他富有，愿他破散②。

【注释】①见他荣贵，愿他流贬：《感应篇汇编》云："凡人荣贵，皆非偶然，皆其昔有善缘，夙植德本，更其祖宗积德，乃能如是。见之者，当起追慕之心，非慕其荣贵，实追慕其前修也。若愿他流贬，是不于实处省察，而于虚处生毒，欲人下同于我也。何小人之妒嫉而愚，一至此乎？其实毫无损于他人，徒自造恶业，自益穷贱耳！"

②见他富有，愿他破散：《感应篇汇编》云："富有亦由自身植德，祖父积功而致。若忌其富有，愿其破散，是为何心？至愚者，亦不应不明如是。且请反思：设我富有，而人愿我破散，我心如何？我心若怒，则知人心亦怒。人心亦怒，天心有不怒者乎？"

【译文】见到别人得到荣华富贵，心里就希望他被流放，或是被贬官。看到别人获得了财富，心里就希望他破家散财。

见他色美，起心私之①。负他货财，愿他身死②。

【注释】①见他色美，起心私之：《感应篇汇编》云："色之一业，人情易犯，比贪杀等事，百倍难制。故其败德取祸，亦比他事，百倍酷烈。然太上于贪杀等事，不啻再三申戒，而独于万恶之首，则仅此一言者，非略也。贪杀等恶，显而浅，言所可尽。淫之恶，隐而深，言所难尽。故以诛意之笔，从最初一念，唤醒痴迷，曰：'见他色美，起心私之。'盖人之于色，当入眼之时，此心一动，而思之、慕之、贪之、求之之念，固结于中而不可解。此等念虑一萌，不待身去蹈之，即已出天理而入人欲，阴司已列无穷罪案矣。"

②负他货财，原他身死：《感应篇汇编》云："货，是器物。财，是银钱。负，谓乏时借以济用，久而辜恩不还也。《中诫经》曰：'欠他债负，目下未有填还，长思忧负，勤想偿之。'若以不还之故，反愿其身死，以灭其迹，此种存心，现生便是豺狼，来世宁逃犬马？亦愚甚矣！"

【译文】见到他人的妻子、女儿漂亮，就立刻起了淫欲之心，想要与她私通。负欠他人的货物钱财，不想偿还，反而愿他死掉，就可以不还了。

干求不遂，便生咒恨①**。见他失便，便说他过**②**。**

【注释】①干求不遂，便生咒恨：《感应篇汇编》云："干求，指一切大小之事，凡有干恳求托于人者皆是。不遂，不如意也。咒，是愿其灾祸。恨，是蓄意怨毒。君子达理安命，岂肯向人干求？苟或有之，已非端人。倘不遂，亦只宜自反。若更咒恨之，则诚反复小人矣。"

②见他失便，便说他过：《感应篇汇编》云："失便，谓值不可为之事，处不得志之境也。天下之事境，本来败易而成难，逆多而顺少。或运蹇时乖，所行拂乱；或偶然过误，改悔无及。行路艰难，古今同嘅（kǎi）。乃有一种不近人情之人，平居好为面交，一经困踬，每每置身局外。笑人掣肘曰：'原是他自家不是。'嗟乎！请自反生平，果然从不曾做差一件事乎？"

【译文】凡是向别人恳求拜托办事情，别人没有令其遂心如意，就对人咒骂怨恨。看见他人有失便不得意之时，就说这是他平日的过恶招来的恶报。

见他体相不具而笑之①**，见他才能可称而抑之**②**。**

【注释】①见他体相不具而笑之：《感应篇汇编》云："四体残缺，形相鄙陋，非由生前恶孽，即系父母遗殃。一遇此辈，当哀矜而保全之，何忍讥笑？况人之成立，在乎器识，不在乎体相。周勃以口吃而作相，晏子以身小而显君。载在史册，不可枚举。且人之体相不具，往往自恨，从而笑之，犯其所忌。齐顷公母，笑郤克而被伐；平原君美人，笑躄（bì）者而被诛；赵县人，笑孟尝君为眇小丈夫而被杀，此皆前车覆辙，可为深戒。"

②见他才能可称而抑之：《感应篇汇编》云："见才而抑，与蔽善挫长不同。蔽则有幽锢之意，挫则有摧折之惨，此则又进一层。盖可称而不称，即抑也，较前二条，罪似少轻，而推勘愈细。"

【译文】见到他人身体残缺或者形相丑陋，不对其哀怜保护，反而讥笑。见到他人的才能值得称赞宣扬，不但不称赞宣扬，反而阻止和抑制他。

埋蛊厌人①，用药杀树②。恚怒师傅③，抵触父兄④。

【注释】①埋蛊厌人：蛊，毒虫。传说取百虫于皿中，使互相蚕食，最后所剩的一虫为蛊。厌人，以迷信的方法，镇服或驱避可能出现的灾祸，或致灾祸于人。《感应篇汇编》云："按《玄都律》：过满二千七百为一害，其家当出巫男觋女。然则生为巫觋，已是先世造罪之人。今复为人埋蛊厌人，是深其地狱也。然有起心而使之为者，其罪更甚于巫。如有此等，王法当斩，阴律更严。"

②用药杀树：《感应篇汇编》云："一草一木，皆是造物生意。高柴，方长不折，孔子称之。佛言：'树木年久者，多为鬼神所栖，不可轻伐，伐之往往得祸。'夫伐且不可，况用药杀之乎？"

③恚怒师傅：《感应篇汇编》云："此与'慢其先生'有别，慢是无故而慢之，此是因教责而恚怒之也。古人事师之道，无犯无隐。凡有所教，皆当虚心和气以受之，何可恚怒乎？恚怒者，必是薄德无福之人也。"

④抵触父兄：《感应篇汇编》云："抵触，亦与暗侮不同，暗侮之恶

深，抵触之罪显。凡语言行事之间，几微不顺，即是抵触。夫父兄为五伦之首，孝弟乃人道之先，所当恭敬顺从，柔声愉色。即或父有偏私，兄有侵凌，只宜委曲解谕，反身自修。万一执迷不返，亦须和气平心，久久自然浃（jiā）洽。若稍有忿气，必至抵触，则逆伦悖理，宇宙不容矣。"

【译文】使用妖法邪术埋蛊，以致加灾祸于人。用毒药来杀死树木。师傅对其进行教训责备，不感恩师傅，反而对师傅产生恚怒愤恨。冲撞触犯自己的父亲和兄长。

强取强求，好侵好夺①。掳掠致富②，巧诈求迁③。

【注释】①强取强求，好侵好夺：《感应篇汇编》云："分所不当得，而必欲得之，谓之强。以人供我曰取，以我干人曰求，以诡计暗取曰侵，以势明取曰夺。如此得来，自难消受，将必并其本有者而失之矣。"

②掳掠致富：《感应篇汇编》云："所谓掳掠，非因兵火，安得有之？然居官吞剥百姓，私窃公帑（tǎng），豪强重利举债，皆掳掠也。以此致富，悉出家破人离，妻啼子泣之余，岂能安享？不闻扑满之说乎？《汉书》曰'鎯（xiàng）'，即今之阿葫芦也，以陶器为之，其上有窍，可纳而不可出，人以贮钱。逮其已满，扑而取之，故曰扑满。当其聚时，惟恐不满。洎至钱满，扑碎乃已。瓶破钱空，两皆成虚。多藏厚亡，何异于是？"

③巧诈求迁：《感应篇汇编》云："君子一登仕版，便当以忠直公廉为分内事。今也求迁而乃巧诈，则心术不端极矣。置之廊庙，必不忠公。出而临民，安能廉洁？故太上特戒之。矧人生功名利钝，落地已定，即营营终身，无加毫末，徒供达人笑耻，鬼神呵责耳。"

【译文】用强横的方式取得财物，或用强横的方法要求别人供给；或是喜欢用侵占的方式，或是喜欢用抢夺的方法来获得财物。

甚至用强力抢夺别人的财物以致富。用奸巧诈伪的手段，来求取官位的升迁。

赏罚不平①，逸乐过节②。苛虐其下③，恐吓于他④。

【注释】①赏罚不平：《感应篇汇编》云："失轻失重，略错一分，便是不平。公道不存，人心弗服，非特无以旌功惩罪，且反足积怨招祸矣。"

②逸乐过节：《感应篇汇编》云："逸乐者，人之所同欲也。《礼》曰：'乐不可极，欲不可纵。'《国语》谓：'民劳则思善，逸则思淫。'是不欲人逸也。孟子谓：'人生于忧患，死于安乐。'是不欲人乐也。况过节乎？然世界逸乐之根，其大者无过酒色财气。今人嗜酒则不顾身，好色则不顾病，贪财则不顾亲，使气则不顾命。当其未值之先，俱能自解，亦能劝人。及至境遇当前，便昏然身自犯之，只是看得破，忍不过耳。苟能体认'逸乐过节'四字，则习情能改，熟境当忘，造到欲寡心清，便可顶天立地。"

③苛虐其下：《感应篇汇编》云："在上而酷虐吏民，居家而过挞奴婢，皆苛虐也。

④恐吓于他：《感应篇汇编》云："恐吓有二：一是遇人急难，不行安慰，故作其势，动其怖畏；一是图利修怨，虚张声势，使之怕我，冀得遂欲也。尝闻观世音菩萨，于怖畏急难之中，能以无畏施于众生，得证圆通，斯为第一，是故阎浮众生，皆号之为施无畏者。然则恐吓于他，当何如哉？是以君子每遇人怖畏处，无不力行安慰。惜世不知，好惊怖人。一死之后，便当生为獐鹿。夫獐鹿为物，昼则避畏诸兽，动辄惊走；夜则挂角树枝，弓曲而睡，觉而四足惊散，既惊复睡，既睡复惊，自昏达旦，无一刻安，盖其报也。"

【译文】在上位作领导，赏罚有失公平，或是偏轻，或是偏重。追求安逸快乐过度而没有节制。苛薄虐待自己的部属或下位的人。

对他人进行恐吓，使人心生害怕。

怨天尤人①，呵风骂雨②。斗合争讼③，妄逐朋党④。

【注释】①怨天尤人：《感应篇汇编》云："阎浮世界，素号缺陷，人安得每事称心？其不称意者，必因积累薄，而受享亦薄也。惟当守分思过，修其天爵，此千古处穷之善道，亦趋吉避凶之善法也。怨天则天愈怒，尤人则人愈疾，非徒无益，而又害之。"

②呵风骂雨：《感应篇汇编》云："风雨为造化之功，各有司掌之神。孔子迅雷风烈必变。《曲礼》曰：'若有疾风迅雷甚雨则必变，虽夜必兴，衣服冠而坐。'程子每遇风雨必兴，盖敬天也。无知之民，雨多则怨涝，晴多则怨旱，风烈则怨暴。不思阴阳各有定数，或官苛猛，或民造业，皆能致其不时，而可呵骂乎？徒增逆天之罪耳。"

③斗合争讼：《感应篇汇编》云："人有争讼，便当善言劝解，使大事化小，小事化无，则两家均受其福。若因而斗合之，或暗中挑唆，或挺身干证，或代捏呈揭，或包揽衙门，以便就中渔利。此神责人怨，造孽亏心之甚，业报到时，有不堪其苦，悔恨莫及者。"

④妄逐朋党：《感应篇汇编》云："妄，谓不问可否。逐，谓随逐。大而人臣，分朋立党，把持朝政，显斥暗倾；小而常人，附社结义，相为羽翼，引类呼朋，皆是妄逐朋党，必有大罪深祸。公卿士庶，共当切戒者也。"

【译文】不能心存感恩，懂得满足，遇到不如意的事情，反而怨怒天地，归咎于别人。因为天气不合己意，而去呵斥咒骂风雨。唆使他人之间互相争斗，撮合别人去进行诉讼、打官司。不问是非可否，就随便地追逐，分朋立党，或是拉帮结派。

用妻妾语，违父母训①。得新忘故②，口是心非③。

【注释】①用妻妾语，违父母训：《感应篇汇编》云："妻妾之语，甘而易入；父母之训，正而难从。妻妾之语，未有不与父母之训相反者，世人所以孝衰于妻子也。夫父母阅历既多，见事必当；爱子又切，为谋必周，岂有年少女子，而所见反胜于老成练达之人乎？事理亦然，不但为劝孝说法也。"

②得新忘故：《感应篇汇编》云："小而衣服器用，大而朋情亲谊，内而妻妾，下而童婢，皆有新故。若得新忘故，此浇薄寡恩之尤者也。先贤有言：'与其结新交，不如敦旧好。'旨哉！此言也。昔楚王诏求遗履曰：'我悲夫与之俱出，而不与之俱入也。'自是国人无敢弃旧者。此真千古有情人，亦千古知道人也。"

③口是心非：《感应篇汇编》云："心口皆是，纯善之人也。即心口皆非，人犹得而防之。惟言称尧舜，心同桀纣，口誓山海，心怀陷阱者，最难测度。其人事君必不忠，事亲必不孝，交友必不信，临下必不义。此辈乃小人之尤者也。使人误信其言，而入其机彀之中，其罪加阳恶数倍。"

【译文】一味听信妻妾的话语，而违背父母的训诲。什么东西，得到了新的，就把旧的忘记了。口里说的话，和心里面想的完全不一样。

贪冒于财，欺罔其上①。造作恶语，谗毁平人②。

【注释】①贪冒于财，欺罔其上：《感应篇汇编》云："索取无厌曰贪。昏昧无耻曰冒。事上忠而持己廉，人臣之大节。今也以贪冒之故而罔上，臣节安在？纵令一时富贵，多见旋踵破败，子孙狼狈矣。孰若忠廉有守，求保身名乎？至夫衙胥侵蚀钱粮，庄仆隐匿税租等类，种种弊端，不可枚举，总属下取上财，计掩智罔。然所取之财，原是命中本有。无如来路不正，遂致身财两失。何如于此纤毫不苟，则本有之财，必从他途正分中来。在我同一取而有之，然安险之相去远矣。此是至理，人当不昧。"

②造作恶语，谗毁平人：《感应篇汇编》云："人纵有过，亦当曲为掩护。若本是平白无辜之人，乃编造流言、捏作恶事，以谗毁之，其毒甚于刀斧虎狼。盖人本无罪，而一人簧鼓，群小吠声，听者荧惑，莫辨是非，致令贤奸淆淆，黜陟倒置。此君子所深诛也。"

【译文】因为个人的利益而冒领钱财，欺骗自己的长上，对人有小小的怨恨，就捏造坏话，任意地谗毁好人。

毁人称直①，骂神称正②。弃顺效逆③，背亲向疏④。

【注释】①毁人称直：《感应篇汇编》云："士君子立身行己，要当行其在我者，必使正直无邪，斯为直矣。或身未能直，而但以毁人为直，则良心已丧，乌得谓之直耶？且正直之人，心必忠厚，当言即言，使人知改，要在诚有余而言不足，所谓直也。彼毁人者，污人之名，快己之怒，而乃自谓直道，岂不可痛可恨？老子曰：'聪明深察，而近于死者，好讥议人者也。'程伊川曰：'君子于人，当于有过中求无过，不当于无过中求有过。而责己当反是。'吁！世间之人，口业无穷，故太上再三严戒也。"

②骂神称正：《感应篇汇编》云："聪明正直之谓神，君子所当敬畏。乃有无忌惮之小人，自谓正直无邪，可以屈服鬼神。不知其心术之微，鬼神早已窥破，徒自取罪戾耳。"

③弃顺效逆：《感应篇汇编》云："周卫石碏（què）曰：'君义臣行，父慈子孝，兄爱弟敬，六顺也。贱妨贵，少凌长，远间亲，新间旧，小加大，淫破义，六逆也。弃顺效逆，所以速祸也。'《书》曰：'惠迪吉，从逆凶。'又

曰：'顺天者昌，逆天者亡。'顺则为忠为孝，为圣为贤；逆则为狂为暴，为变为贼。举意在一念之顷，祸福判霄壤之分，可不慎欤？"

④背亲向疏：《感应篇汇编》云："背亲向疏，不止一端。如瞒背父母，私托妇家，待父母之亲则泛常，而厚于妻党。兄弟锱铢必较，而处朋友外人独慷慨。不顾本族贫寒，而冒认他宗。凡薄其所当厚，厚其所当薄者，皆是也。孔子曰：'不爱其亲而爱他人者谓之悖德，不敬其亲而敬他人者谓之悖礼。'今背亲而向疏，非因恩怨徇私，即从炎凉起见，悖德悖礼甚矣。此根本重罪，报必甚焉。"

【译文】喜欢讥毁他人，使自己成为正直之人。丝毫没有敬畏，竟敢侮骂神明，而称自己很有正气。放弃应该顺从的人，而听命于应该违逆的对象。违背自己的亲人骨肉，反而向着关系疏远的人。

指天地以证鄙怀，引神明而鉴猥事①。施与后悔②，假借不还③。

【注释】①指天地以证鄙怀，引神明而鉴猥事：《感应篇汇编》云："天地无私，神明正直，顺吉逆凶，其应如响。小心寅畏，尚虞获罪，况敢指引，以证鉴鄙怀猥事，不亦渎乎？岂天地神明，肯助人为恶耶？徒自速其祸耳。"

②施与后悔：《感应篇汇编》云："施与一事，立功最速，然必乐善不倦，方有进步。即或财力不逮，亦须常存此心。况可以转念之顷，丧其初念乎？未与而悔，则不果施；已与而悔，则不复施。贼仁害义，心病之本也。故太上不录其施与之善，而但摘其后悔之恶。盖圣人所最取者，莫如迁善改过；所最恶者，莫如为善不终也。"

③假借不还：《感应篇汇编》云："假借，所以通有无，济缓急，盖美事

也。被德已自不小，而可恃强负固，恃狡迁脱乎？讵（jù）知未了宿债，死后当偿，轻则为其奴婢，甚则为其驴马牛犬以偿之，亦可畏也。凡借人物，须加爱护，向人借物，非不得已，不须借也。借而用毕，随即归还。如此，不特无厌于人，亦且无愧于己。"

【译文】用手指着天地，来为自己的卑鄙心怀做证明；引请神明，来鉴察自己的下流之事。对别人进行施舍之后反而觉得后悔，假装借用人家的东西，反而据为己有，不还给人家。

分外营求①，力上施设②。淫欲过度③，心毒貌慈④。

【注释】①分外营求：《感应篇汇编》云："夫人所以不依本分者，只道营求有益耳。亦思人生富贵贫贱，一定不移，阴注阳受，皆宿业也，可分外营求哉！妄心贪念，侥幸希求，不惟无益，且恐妄情折福也。然何不体孟子'求之有道，得之有命'，六祖'一切福田，不离方寸'之旨乎？"

②力上施设：《感应篇汇编》云："力上施设，谓力之所能，而尽意施威设法，不复少留余地，势不使尽不已。所谓'扯满一帆风，又添八把桨'是也。"

③淫欲过度：《感应篇汇编》云："邪缘外合，灭德丧心，太上固已垂戒于前矣。至于夫妇正色，尤须有节。若云正色非淫，岂免纵欲杀身之祸？盖人身元精，散在三焦，荣华百脉。及欲火一动，合聚流通，都从命门出来。尾闾不禁，沧海以竭，极是可怕。凡人精足则神生，精神足则智虑生。聪明强固，何所为而不成？若少年斲丧，英气消失，一生之事业去矣。生人终身疾病，恒从新婚时起。年少无知，往往恣情无度，多成痨怯，甚至夭亡，累妇孀苦。不思百年姻眷，终身相偶，何苦从一月内，种却一生祸根？父兄遇子弟将婚，当谆谆以此为戒。"

④心毒貌慈：《感应篇汇编》云："心毒，已使人不可当。貌慈，又令人不可测。人无不避虎狼，而畏蛇蝎者，为其毒也。若夫心毒貌慈，煦煦亲人，令人可近，而乃肆其毒于不及防，是其险毒，更有甚于虎狼蛇蝎也。死堕三途，其速如箭。生生招报，受苦无穷。可不戒哉！"

【译文】不守自己的本分，而过分地去赚取迎求。极尽自己的能力，不加体恤地施威设法。夫妇间的房事频繁，超过了正常的限度。内心十分恶毒却又装出面貌慈祥的样子。

秽食喂人①，左道惑众②。短尺狭度，轻秤小升③。

【注释】①秽食喂人：《感应篇汇编》云："秽食，或造作不洁，或经虫游鼠啮，或越宿更朝，色味已变。食之足以致病伤人，若以喂人，人必瞋之，神亦恶之。至于人家婢仆，浪费水浆，多造食馔，食秽抛弃满厕，尤属大孽。其罪大半归于家主，可不互戒哉！"

②左道惑众：《感应篇汇编》云："于玉陛曰：'道也者，人所共由之正路也。三教圣人之道，虽其迹不同，其上者，使人明心见性；次者，使人迁善改恶，如出一口。未有好为诡异以惑人者也，其出于不正而惑人者，皆左道也，如汉之张角，晋之孙恩、卢循，元末之红巾刘福通，近世无为、皇天、白莲等法是也。立心不端，蛊惑愚民，违君背亲，造祸种恶，此乱臣贼子之行。国法必行屠灭，冥报尤在不超。至若师巫邪术，假托神道，妄言祸福，煽众诬民，罪亦类是。"

③短尺狭度，轻秤小升：《感应篇汇编》云："尺度升秤之类，所以平物价、一人情。世人或二样，大入小出，重入轻出。其设心，只要便宜耳。孰知得半分便宜，却损一分福德。况益我损人，必有天殃雷火之焚。未必非为此也，或有主人不知，而司出入之子弟臧获潜为之，其罪终归家主，可不不

察也。"

【译文】把污秽不能吃的食物卖人或给人吃。用旁门左道来迷惑众人。为了占便宜，把尺子缩短，轻秤小升，这样昧着良心来卖东西给人家。

以伪杂真^①，采取奸利^②。压良为贱^③，谩蓦愚人^④。

【注释】①以伪杂真：《感应篇汇编》云："凡食饮之需，药品之用，金帛器物之类，稍有欺误，则丧心害人，莫此为甚。至于使用假银，其恶更甚，天诛尤速。"

②采取奸利：《感应篇汇编》云："取以采言，利以奸得，则其用心之忍刻，无所不至矣。古人诗曰：'越奸越巧越贫穷，奸巧原来天不容。富贵若从奸巧得，世间呆汉吸西风。'"

③压良为贱：《感应篇汇编》云："原系良家子女，而我以势力强制，使为奴婢，即压良为贱也。至卖良为娼，乃在十恶不赦之条，更不必言矣。"

④谩蓦（mán mò）愚人：《感应篇汇编》云："谩者，欺人不知不见也。蓦者，快捷伶俐之貌。凡用诡计设骗，令人堕其术中，谓之谩蓦。谩蓦皆不可用，而加之愚人，则尤可怜。即愚人不能报，冥冥中自有代为之报者。在愚者则无损，而我先损矣。"

【译文】把假货物杂在真的里面欺骗人，用奸诈的方式来谋取暴利。用威势压迫良家子女，逼迫他们去做卑贱的事情。用各种诡计去欺骗没有智识的人。

贪婪无厌①，咒诅求直②。嗜酒悖乱③，骨肉忿争④。

【注释】①贪婪无厌：《感应篇汇编》云："以口取物曰婪。言人之贪，如口之食物，无有厌止，无有穷极也。老子曰：'罪莫大于多欲，祸莫大于不知足。'知足者贫贱亦乐，不知足者富贵亦忧。世人贪求数盈，终归耗散，固不必言，且又落下一场祸孽，更难了耳。"

②咒诅求直：《感应篇汇编》云："咒诅者，誓于神也。求直，求神速报也。此不待形于奏牍，凡忿争妄有呼召者皆是也。按《咒誓章》有云：'凡有咒诅，则四面八方受人咒诅。一切凶恶之鬼，皆得乘间伺隙，行其祸害。若非忏请天神降解，未易断除。'然则咒诅可为乎？"

③嗜酒悖乱：《感应篇汇编》云："酒能乱性，苟或酷嗜，其失至大。观于《酒诰》，则知古人垂虑之远；观于《酒颂》，则知古人托兴之深。即如礼称一爵之献，宾主交拜，所以防酒失也。世人嗜酒无度，遂至形骸颠倒，礼法丧乱，骂座卧衢，凌法犯上。久且丧心失德，能使士败名，官落职，农荒畴，商贾丧赀，甚则丧身亡家，岂不痛哉！"

④骨肉忿争：《感应篇汇编》云："骨肉之间，执理便伤情，伤情即非理，岂得妄有忿争乎？然其源多出于妇言构衅。盖妇人心不公平，恒怀嫉妒。又其所谓舅姑、叔伯、妯娌、同辈，皆缘假合，强为称呼，原非自然天属，故轻于割爱，易于忿争。两递其言，积成怨恨。一家之中，乖变丛生。其事多端，不可概述。惟天伦笃厚，高明远识之人，明烛洞照，谗言不听，自然和气熏蒸，情谊欢洽。何忿争之有？"

【译文】为人贪婪而不知道满足，在神明面前发誓或诅咒，以此证明自己的道理是对的。嗜好饮酒，常常喝醉，做出违背情理，酒后乱性的事情。父子兄弟，骨肉之间，都有各种怨忿，互相争吵。

男不忠良①，女不柔顺②。不和其室③，不敬其夫④。

【注释】①男不忠良：《感应篇汇编》云："忠者，尽己之谓。良者，方正之称。万物惟人最灵，人又以男子为贵。既得此灵贵之体，而奸佞不忠，险僻不良，则非特自负己灵，亦甚辜负造物矣。"

②女不柔顺：《感应篇汇编》云："《礼记》曰：'男帅女，女从男。'又曰：'幼从父兄，出嫁从夫，夫死从子。'《颜氏家训》曰：'妇中主馈，惟事酒食衣服之礼。'如有聪明才智，但当辅佐君子，助其不足。若凌驾其夫，干预外政，便是晨鸣之牝鸡，长舌之鸱鸮。家道不振，于此为始。"

③不和其室：《感应篇汇编》云："夫妇和而后家道昌。妇女未尝读书明理，若有不是，便当明白晓谕，固不可任其纵恣，亦不可遽生瞋嫌。但世人遇强悍之妇，则受其欺凌；遇弱朴之妇，则加以凌虐。欺善怕恶，此岂丈夫所宜有？更有愚人，宠妾侮嫡，恋妓欺妻，甚至殴骂瞋责，此辈尤不得令终也。"

④不敬其夫：《感应篇汇编》云："夫者妇之终身所依，何可不敬？其不敬者，非悍妇，即荡妇。或恶言抵触，或咒诅厌镇。不知凡作女身，多因宿谴。若更侮夫，益堕恶道矣。至丈夫死，骨肉未寒，便思改适，视所生子女若路人。死不能哀，生能敬之乎？"

【译文】身为男子，不能做到忠厚善良。身为女子，不能做到温柔和顺。丈夫不能够做到和妻子和睦融洽，妻子不能做到对丈夫恭敬顺从。

每好矜夸①，常行妒忌②。无行于妻子③，失礼于舅姑④。

【注释】①每好矜夸：《感应篇汇编》云："老子曰：'不自是故彰，不自伐故有功，不自矜故长。'易曰：'天道亏盈而益谦，地道变盈而流谦，鬼神害盈而福谦。谦，尊而光，卑而不可逾，君子之终也。'大禹'不矜不伐，愚夫愚妇皆谓一能胜予'，而凿龙门，排伊阙，地平天成，功被万世；周公不骄不吝，劳谦下士，而东征破斧，卒安周室。故曰：'真正大圣大贤，都从战战兢兢，临深履薄处做将出来。'如大禹、周公，圣人也，何曾矜夸道德于人？然则今人妄有矜夸，亦何意哉！多见其不知量也！"

②常行妒忌：《感应篇汇编》云："妒忌者，男女俱有，男人见人功名则妒，见人富贵则妒，位逼己则忌，才胜己则忌，皆是局量褊浅所使。至于妇人争宠构怨，往往祸家绝嗣，其罪尤不可胜言者。生而人人切齿痛恨，死而永堕地狱、饿鬼、畜生，庶几蔽其辜也。正身表率，其责成男子乎？"

③无行于妻子：《感应篇汇编》云："待妻宜和而敬，待子宜严而正。不以礼待妻，则失唱随之义；不以道教子，则伤生育之恩。不义不慈，总曰无行。今之待妻者，不刻薄寡恩，则狎昵无度。待子者，非姑息太过，必苛责太甚。己实无行，何以责妻子乎？"

④失礼于舅姑：舅姑，指公婆。《感应篇汇编》云："妇事舅姑，一如子事父母，下气、怡色、柔声，燠寒相体，疾痛疴（kē）痒相关，出入相扶持。少或失礼，即为不孝。罪恶通天，雷火立诛矣。噫！然吾更有进焉。妇之于舅姑，以人合者也。子之于父母，以天合者也。从来子不孝父母，而妇独孝公姑者，窃恐无有是理。故凡妇之失礼，皆其子有以致之也。神诛鬼责，岂专责之妇人乎？普愿为子者念之。"

【译文】每每喜欢骄傲自大，自我夸耀。为了功名富贵，经常心怀妒忌，与人争宠。作为丈夫，对待妻子不义不慈，作为媳妇，对待公婆不能孝顺恭敬。

轻慢先灵①，违逆上命②。作为无益③，怀挟外心④。

【注释】①轻慢先灵：《感应篇汇编》云："先灵，祖先之灵也。凡殡殓无礼，居丧无制，安葬不速，斋祭不诚，拜扫不勤，祠庙不整，香火断续，皆轻慢也。夫水源木本，岂敢或忘? 若于此有失，吾不知其可也。"

②违逆上命：《感应篇汇编》云："臣受命于君，子受命于亲，弟子受命于先生，凡一切在下者，受命于上，皆上命也。义不可行，亦当委曲感动，先期进谏，不敢受命矣。义所可行，则奉行不力，尚然有罪，况违逆乎? 违逆者，乱臣贼子之所自也。"

③作为无益：《感应篇汇编》云："世间万事，转头即空。惟有积德行善，兴利除害等事，世世生生，随身受用，无有穷已。他如第宅台池，衣食车马，以及一切诗画珍玩之事，皆足丧志累身，何益之有? 至于张灯演戏，唱曲饮酒，樗（chū）蒲博弈等事，岂惟无益，且是害之大者。切戒切戒!"

④怀挟外心：《感应篇汇编》云："臣欺君，子逆亲，妻背夫，兄弟相贼，朋友相倾，皆外心所使也。然不待形于事为，即有机微萌动，人不知而鬼神已诛其心矣。"

【译文】轻慢祖先的灵位，违逆父母、老师、领导的命令。自己的所作所为毫无益处，心中怀藏着外心。

自咒咒他①，偏憎偏爱②。越井越灶③，跳食跳人④。

【注释】①自咒咒他：《感应篇汇编》云："此句是咒诅而无直可求者。凡怒而自咒，又兼咒他人者是也。斯乃小人女子，召灾之先兆，往往有不待死而立如所咒者，可不戒乎?"

②偏憎偏爱：《感应篇汇编》云："偏憎偏爱，所指甚广。凡君之于臣，父之于子，夫之于妻妾，主之于仆隶，皆有之。惟妇人于前后嫡庶间尤甚。故昔曾子丧妻，终身不娶，曰：'高宗以后妻杀孝己，尹吉甫以后妻杀伯奇。吾

上不及高宗，中不比吉甫，庸有其免于非乎？'善哉！此惧有偏憎偏爱，而全父恩者也。然而妻亡不娶，人情所难。惟求于娶之后，恒能体认曾子之言，庶几不至大谬耳。"

③越井越灶：《感应篇汇编》云："越，跨也。井之利济甚广，有泉神主之，名观，状如美女。且井中水，既以利润群生，更用祀神供佛，何可亵慢？灶居五祀之一，是为太乙火神，姓张，名卓，字子郭，司一家良贱之命，专察善恶长短，预闻吉凶祸福。越之是慢侮神灵，厥罪至大。此不但越跨，如坐井栏，踏灶门，烘秽物等类，皆触污也。"

④跳食跳人：《感应篇汇编》云："食为养命之资，人乃三才之一，可轻忽乎？若跳而越之，均为罪过，可不戒耶？"

【译文】自己心中不平，诅咒自己，还又诅咒他人。内心憎恨和所爱的，有了偏差。随意地跨越了水井和灶台，为图方便，从吃的食物和他人的身上跳过去。

损子堕胎①，行多隐僻②。晦腊歌舞③，朔旦号怒④。

【注释】①损子堕胎：《感应篇汇编》云："人身至贵，得人身至难。淫奔之女，成胎打堕，禽兽不若，无可晓谕。至有以家贫而厌多子，或既生而损，或未生而堕者，杀人罪业，莫可忏赎。物命至微，尚欲放生戒杀，况子女乎？今之一世无子，或生而不育，或临老而子反先死者，皆夙生造此等恶业所招之报也。"

②行多隐僻：《感应篇汇编》云："隐僻，非止一事，如奸盗邪淫等类，凡不可与天知，不可对人言者，皆是也。然其大者，必属淫秽之事。故太上书此于'损子堕胎'之后，盖有以夫！"

③晦腊歌舞：晦者，月晦也。乃司命灶君，奏言世人功过之日。腊者，

五腊也。乃五炁（qì）天君，攒会生人善恶之日。若肆意歌舞，是得罪天地祖宗矣。

④朔旦号怒：一月之所为基于朔，一日之所为基于旦。此时正当澄心清静，上合道真。苟一号怒，则浊气随肝而升，真气随声而散，于是神昏气浊，善念消灭矣。佛经曰："瞋是失诸善法之根本，堕诸恶道之因缘，当急弃之，毋使增长。"是号怒累人实甚，平日亦当谨慎，况朔旦哉？

【译文】损害已生下来的小孩，堕掉在腹中的胎儿。行为隐蔽，不光明正大。在晦腊的日子里，唱歌跳舞演戏。在每月初一和每天清晨的时候，大声呼号，愤怒叫骂。

对北涕唾及溺①，对灶吟咏及哭②。又以灶火烧香③，秽柴作食④。

【注释】①对北涕唾及溺：北方，乃北斗星君所居。北极，为天之枢。三界十方，万灵众真，皆所隶属，是则中天斗极，号为至尊。而宅尊之所，又何可触秽也？按《礼》："子妇毋得哕噫嚏咳涕于父母舅姑之侧。"以不敬也。况对北为神方，涕唾尚不可，而可溺耶？

②对灶吟咏及哭：《黄帝灶经》曰："灶门不得歌咏哭泣，咒骂叫喊。"夫吟咏及哭，哀喜不同，均是慢神，必减禄命。且今人对官府前，尚不敢高声妄语，何对神独无忌惮乎？愚夫愚妇，所当切戒。至敬亵福祸，前已明之矣。

③又以灶火烧香：按《天师门下科令》："灶下灰火，谓之伏龙屎。"是故不可烧香。

④秽柴作食：柴虽下爨（cuàn），气实上蒸。秽柴不净，厌浊之气，触犯灶神，一不可也。既以作食，未免用以享祀，二不可也。烟气上透虚空，神易

见怒,三不可也。作食者,切宜戒之。

【译文】对着北方擤鼻涕、吐口水,甚至撒尿,对着灶台吟诵唱歌及哭泣。又用灶火来点供奉神明的香。用污秽的木柴来煮饭烧菜。

夜起裸露①,八节行刑②。唾流星③,指虹霓④。

【注释】①夜起裸露:正人君子,明则畏人,幽则畏神。故虽暗室屋漏,俨若神明对越。且神居幽暗,本来无处不临。而夜属阴,更为百神交会窥瞰之际,岂可不慎,而自取凶咎哉!

②八节行刑:立春、春分、立夏、夏至、立秋、秋分、立冬、冬至,为八节。其日乃诸天神真,分行普化,教度群生,条录罪福。人宜清净和平,存想省察,进善黜恶,入正去邪,仰副太上众真开度之心。彼行刑者,何无忌惮,乃敢尔耶?伤天地之和,损身家之福,于此为甚,不可不戒。

③唾流星:星辰在天,过宫缠度,于人无预,唾之何为?愚人妄指为妖,唾而厌胜之,此等之说,诚出于齐东也。若夫民失其德,天示其变,彗孛飞流,实由自召。正宜恐惧修省,立德解禳(ráng),其可唾乎?景公三语之善,荧惑退舍。修德之感,昭然不诬也。

④指虹霓:赤白色曰虹,青白色曰霓,此乃阴阳交接之气。《诗》曰:"蝃蝀在东,莫之敢指。"《春秋运斗枢》曰:"星散为虹。"当知虹霓者,信为斗星余气,著于形色者也。故昔孔子作《春秋》《孝经》成,告北斗,赤虹降而为黄玉刻文,孰谓虹霓非斗星余气乎?苟或指之,乌得无罪?

【译文】晚上起来的时候裸露着身体,在八节的日子行刑,或是对犯人用刑拷打。向流星吐口水,用手指着虹霓。

辄指三光^①，久视日月^②。春月燎猎^③，对北恶骂^④。无故杀龟打蛇^⑤。

【注释】①辄指三光：日月星三光，又曰三辰，天之所布以照察于下，而垂示法则者也。太上曰："若见日曜月曜，北斗南斗，则郑重叩头，请乞佑护，赦宥过愆，不可轻慢，以招殃累。"

②久视日月：《道藏》中教人祭祀日月，每年于二月初一日祭日，八月十五日祀月，当具香花斋供，朝礼拜祷，以报其恩，令人增福延寿，然则日月星，可辄指久视乎？

③春月燎猎：焚林而猎，谓之燎猎。彼射飞逐走，太上且有明戒，况燎猎所杀无穷乎？然以春月为言者，盖以生长发育之时，而乃行此，上逆天行，下杀物命，不仁尤甚耳，非余月不必戒也。

④对北恶骂：唾涕，特细事耳，对北犹为罪过，况于恶骂乎？愚人忿心所使，不暇顾忌。不思我怒欲泄，神怒如何？世人口业有四，恶骂为最。经云："凡夫毒炽，恚火常然。触境生瞋，逢缘起障。所以发言一怒，冲口烧心，损害前人，痛如刀割，多所中伤，苦恼无量。"

⑤无故杀龟打蛇：应世真人曰："一切物命，皆不可杀。而龟蛇阴精，应北方真武之宿，尤不可杀。无故杀之，必罹惨报。是以仁者，常切救护焉。"

【译文】经常用手指着太阳、月亮、星星，用眼睛久视着太阳和月亮。在春天生发的季节，焚烧山林而打猎。对着北方破口恶骂。无缘无故地杀乌龟、打蛇。

如是等罪，司命随其轻重，夺其纪算。算尽则死，死有余责，乃殃及子孙^①。

【注释】①算尽则死，死有余责，乃殃及子孙：经云："业从心起，心为业用。"业引心而受形，心随业而现境。如影随形，而曲直攸分。犹响应声，而大小各异。毫厘不爽，报应无差。至云"殃及子孙"，亦通三世而论也。总之远在儿孙近在身，乃报应之昭昭不爽者。盖自世人积恶诡行，伤上帝好生之心，悖祖宗保护之意，遂至子孙艰难，宗祀断绝。或归之命数，或委之气禀。噫！天地之大德曰生，草木禽鱼，尚不忍其灭息，况人为万物之灵，忍戕其子孙哉？故人非极恶，嗣不终绝，而恶报不尽，波及子孙，则又事理之恒也。

【译文】一个人如果犯了前面所说的种种罪过，司命之神就会随着这个人所犯罪业的轻重，而夺除他的寿命；罪重的，夺除寿命十二年，罪轻的，夺除寿命一百天，一个人寿命若是除尽了，那么他的死期也就到了；而且死有余辜的话，就要殃及子孙了啊！

又诸横取人财者①，乃计其妻子家口以当之，渐至死丧。若不死丧，则有水火盗贼，遗亡器物，疾病口舌诸事，以当妄取之直②。

【注释】①横：横者，暴横也，势凌而威胁也。

②直：原数也。当直，恰合原取之数也。夫横取人财者，多为妻子家口计。不知司命正计其妻子家口以报贪恶，则利之适足以害之也。以有情之骨肉，换无情之金钱，亦太可惜矣。且恶积算尽，吾身亦不免死丧，则要此金钱甚么用处？若欲阴司贿通关节，只怕未必容情。到了此时，有谁不肯看空？但只嫌迟了些。何不未到此时，早早设身处地一想乎？幸而其恶稍轻，不至死丧，则水火盗贼，遗亡器物，疾病口舌，不肖子孙，凡所以折耗我财者，其途甚广也。夫横取人财，而冥冥之掌大算盘者，亦横取之。钱财毕竟无有，而水火盗贼之惊恐，遗亡器物之懊恨，疾病之痛楚，口舌之怨辱，子孙不肖之

羞玷，自己白白吃亏，却无取偿之法。且还欠着多少罪孽，不得自在，填还不尽，奈何奈何? 横取者，思及于此，不惟寒心，亦合灰心矣。

【译文】还有许多利用自己的威势横取他人钱财的，也多是为了自己的妻儿和家人在计算。然而司命之神，也正在计算他的妻子和家人，以报应他的贪恶，使得罪报能够相当。若是渐渐到了恶贯满盈寿命尽了的时候，自身也就不免死丧;若是幸而罪恶稍轻，尚不至于死丧，就会有水灾、火灾、盗贼偷抢、遗失器物、疾病医药口舌官司等等许多的祸事发生，以当原来妄取他人钱财的总数。

又枉杀人者，是易刀兵而相杀也①。

【注释】①又枉杀人者，是易刀兵而相杀也：上言横取，而以枉杀继言者，以枉杀之事，恒由爱财惜财而起也。与孟子"然则非自杀之也，一间耳"语意相同，最为直捷痛快。枉杀之事，略言其故有七：一曰断狱，受赃冤诬，任性惨酷;二曰行师，屠掳掠财，假级冒功;三曰用药，图财遗误，昧理攻伐;四曰破孕，惜费溺女，纵欲打胎;五曰衔蠹，诈财陷害，蒙上横虐;六曰风水，迁坟害人，绝地致祸;七曰庸师，误人终身，害人子弟。杀人虽异，枉折则同。此等罪过，律所不赦。不有人祸，必有天刑。虽曰杀人，适足自杀耳。

【译文】又有冤枉而杀人的，就像换刀相杀一样啊!

取非义之财者，譬如漏脯救饥，鸩酒止渴，非不暂饱，死亦及之①。

【注释】①取非义之财者,譬如漏脯救饥,鸩酒止渴,非不暂饱,死亦及之:《感应篇汇编》云:"此节又申明贪利之害,以世人好利心重,故不惮词之重而言之复也。太上婆心,反复叮咛,至矣尽矣。人世淫杀凶逆等罪,其事不易为,其人不多见。惟取财一道,千变万化,不可穷诘。天下无不用财之日,则天下无不取财之人。天下无不取财之人,则其取之也,义者少,而不义者多,不问可知矣。何谓义?曰:情理而已矣。取之而人乐与我,是之谓近情,是之谓义。不乐与我,则不近情而非义。取之而我可告人,是之谓合理,是之谓义。不可告人,则不合理而非义。不论多寡也,使取非其义,而可以安然受用,则亦何妨顺人心之所便,而听其施为。而太上谆谆若此训戒,知世有非义取财之人,即有非义失财之人。一人快意,一人伤心。或一人快意,而十人伤心,百人伤心,千万人伤心。天道好还,何厚于快意者,而薄于伤心者?然则冥冥中之不平,而思直其事者,必皆攘臂而起矣。太上知其故,而正言戒人曰'勿取',人不从;婉言晓人曰'不可得',人不信。即危言劝人曰'得之者不祥',人亦且图目前,不暇远虑,莫如唤醒曰:'得与不得同',则人之贪也,庶少杀乎?故以漏脯鸩酒譬之。漏脯鸩酒,入口立毙者也。人虽狂愚,未有知其为漏脯鸩酒,而贪饕饮食,举著衔杯者。知非义之财,为漏脯鸩酒,则虽万千入手,亦将举阿堵而不用矣。非得与不得同乎?夫得之而不用,天下无益之弃物也。坏尽心术,使尽机谋,以求天下无益之弃物,夫何为乎?然漏脯之馨香,等于脍炙;鸩酒之甘美,不亚醍醐。人见其馨香甘美,又将起一幸心曰:'未必果然有毒。'其不引满大嚼者无几体。迫吐之不可,下之不能,断肠裂肤,死不旋踵,而后叹见之不早也,不可为矣!菜羹麦饭,村酒山蔬,入口虽无甚味,而陶然半酣,恬然一饱,扪腹自得。其苦乐相去何如哉?"

【译文】凡是贪取不义之财的人,就像是去吃那屋漏水浸到的肉,去喝那鸩鸟浸过的酒一样,这种的漏脯鸩酒都是含有剧毒,不是不能够获得暂时的醉饱,但死期也马上就到了啊!

夫心起于善，善虽未为，而吉神已随之。或心起于恶，恶虽未为，而凶神已随之①。

【注释】①夫心起于善，……而凶神已随之：《感应篇汇编》云："拈出'心'字，示人以善恶之几，欲人知谨于源头处也。玩'夫'字、'或'字，有出于善，即入于恶之意。当与《孟子》"鸡鸣而起"章参看。佛经曰：'三界无别法，唯是一心作。'又曰：'能随染净缘，具造十法界。'世出世间，不出四圣六凡法界。如是十法界，本无自性，皆由一心之所造也。'原夫此心，虽曰不变，而实随缘；以其随缘，故曰能造，所以心能作佛，心作众生，心作天堂，心作地狱。心起者，一念之萌也。一念虽微，感动天地，关通鬼神。人能起一善心，只此一念，是破地狱之灵符，斩群邪之慧剑，渡苦海之慈航，照黑暗之明灯。若起一恶心，则三途现前，沈沦不息。故吉神凶神，随念随致，不须一毫等待者也。明憨山大师曰：'念从起处须看破，事未至时莫妄生。'若能于恶念起时，一刀斩绝，则业根当下消除，妄念何处安著？超凡入圣之几，全在于此。"

【译文】心起了善念，善虽然还没有去做，就已经感动了吉神，跟随着护卫，希望他的善行圆满而多方赐福；或是心中起了恶，恶虽然还没有去做，就已经感应了凶神，跟随鉴察，等待他恶贯满盈的时候而多方降祸。

其有曾行恶事，后自改悔，诸恶莫作，众善奉行。久久必获吉庆，所谓转祸为福也①。

【注释】①其有曾行恶事，……转祸为福也：《感应篇汇编》云："此节拈出'改悔'二字,示人以迁善改过之法,旋祸转福之机也。改者,改过也。悔者,忏悔也。天下纯善之人少,而曾为恶之人多,然不善之人,皆可以复为至善之人。故太上苦口烦言,于篇终结出改悔本旨。喝破迷关,使人回头是岸耳。第又恐人错认'放下屠刀,立地成佛'二语,妄想以一杯水,救车薪之火,故曰'诸恶莫作',望其刮磨净尽也。又曰'众善奉行',望其积累圆满也。行之久而又久,则前愆能释,余祸方消,后行日圆,新福自至矣。今之愚人,自知所作不善,是或良心发现,拟伏僧道,宣礼忏文,以图释罪,是真欲以杯水救舆薪也,岂不大惑?况乎往尤初悔,后过又增,遂至苦海终沉,丧身灭性。悲哉!人若此等改悔,岂不大负太上谆谆告诫之意乎?"

【译文】若是有人曾经做过坏事,后来自己忏悔改过,并且必须要断除一切的恶事,奉行一切的善事,这样行之久久,必定就能够获得吉祥喜庆,也就是所谓的转祸为福啊!

故吉人语善、视善、行善①。一日有三善,三年天必降之福②;凶人语恶、视恶、行恶,一日有三恶,三年天必降之祸。胡不勉而行之③?

【注释】①故吉人语善、视善、行善:《感应篇汇编》云:"此节总结全篇,实实教人以从善去恶之路也,'故'字通承上文而言。吉人者,以其为善即能得福也。凶人者,以其为恶即能得祸也。诸恶、众善,不可胜穷。约而求之,语、视、行三端,正是切实下手处也。语善,如非礼勿言,乐道人善,开发人之善心是也;视善,如非礼勿视,乐见善人,乐观善书,恒见己恶,不见人非是也;行善,如非礼勿动,非法不蹈,勇猛为善,时时行方便,种种作阴功,倡引一方,乃至四远,感化同志,善与人同是也。恶则反是。"

②三年天必降之福:《感应篇汇编》云:"三年,千日也,唐虞考绩之法

也，圆满之期也，善积而恶盈也。人心至活，变化不常。若三年之久，而心无改移，则其善恶也纯矣。拈出'天'字，此赏善罚恶，锡福降祸之大主宰，通篇之结穴也。而天者，吾心也。孟子曰：'存其心，养其性，所以事天也。'两'必'字，非必之于苍苍冥冥，无声无臭之天，乃必之于吾心所发之三年语、视、行也，所谓无不自己求之者，盖此理也。至人乐道，原非求福，求福而为善，心已涉于私矣，故惟当尽其在己，顺受于天，非可有一毫觊望希迎之心也。然唯心自召，天道好还。祸福之理，本来洋天溢地，纤悉不爽。世人以为善去恶，为本分内事者，固属上之尤上。然世多常人，安能尽是上根？故恐祸求福，而去恶为善者，亦太上之所望，正惟恐人之不求福也。所谓'求之有道，得之有命，是求无益于得'也。如此而求，固无害于求也。降福者，如身享福禄，子孙善良，荣显昌大，寿命延长，家道兴隆，万事和顺，甚至为圣为贤，成仙成佛，彻悟自性，直证无生，度人度物，立极万世是也。降祸者，如身遭显祸，子孙险恶，凌替败亡，岁数短促，家道沦丧，凡事掣肘，甚至死入无间地狱，轮回异类，永劫受罪，恶流后代，万年唾骂是也。呜呼！由此而论，祸福之道，大矣哉！诚不可思议也！"

③胡不勉而行之：《感应篇汇编》云："末句揭出'勉行'，只就'众善奉行'上说，为通篇总关键。'勉'字，为迁善改过至要之诀。'胡不'是怪叹之词。'行'，是身体力行。勉行者，勉强力行，舍死不退也。《书》曰：'非知之艰，惟行之艰。'谚云：'说得一尺，不如行得一寸。'若知而不行，决无受用，既无受用，不免向生死海中，自作自受去也。世人欲求生路，须下死功。朱子曰：'阳气发时，金石亦透。精神到处，何事不成？'人能如此，则行满功圆，成真证圣，岂非可必之事者？"

【译文】因此，力行众善的吉人，因为他的语言善、观察善、行为善，在一天之中，就有了三方面的善事；等到三年满了，他的善行也就圆满了，上天必定会赐福给他，增长他的寿命。而常作诸恶的凶人，因为他的语言恶、观察恶、行为恶，在一天之中，就做了三种恶行，等到三年满了，他所造的恶行也到了满盈的时候了，上天必定会降祸于他，减除他的寿命。人为什么不肯力行众善，转祸为福呢？

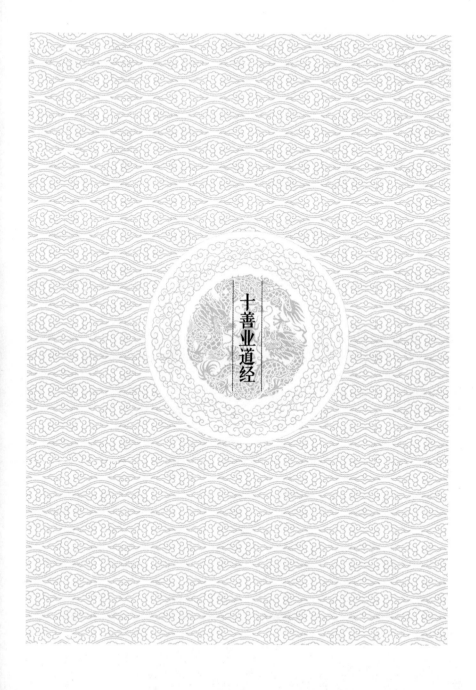

十善业道经

《雍正皇帝上谕》①节要

上谕: 朕惟三教之觉民于海内也②, 理同出于一原③, 道并行而不悖④。

【注释】①雍正: 即清世宗胤禛, 清康熙皇帝第四子, 其在位一共十三年 (公元1723-1736年)。雍正为清世宗即位后之年号, 由于近人称清代诸帝, 概以年号代替名讳与庙号, 故此处即沿例指清世宗。上谕: 谕是告诉, 使人知道、明白, 这里是训导、教导的意思。上谕是旧时用上对下的文告、指示。

②朕惟: 朕, 秦以前泛指"我的"或"我", 自秦始皇起专用作皇帝的自称。惟, 认为、以为。朕惟就是我认为。三教: 即儒、释、道三家的教学。觉民: 觉即觉悟, 民即人民, 意指教导人民了解宇宙人生的真相。海内: 指全中国。

③理: 理论根据, 此指孝亲尊师之道理。

④道: 是指教化众生的方法、手段。悖: 相反, 违背。

【译文】我认为以儒、释、道这三种教育来教导全国人民, 从理论上来说是一致的, 教化众生的方法上也是并行而不相违背的。

人惟不能豁然贯通^①，于是人各异心^②，心各异见。慕道者谓佛不如道之尊，向佛者谓道不如佛之大，而儒者又兼辟二氏以为异端^③，怀挟私心，纷争角胜而不相下。

【注释】①惟：只、因为的意思。

②异心：指每个人不同的妄想、分别、执着。

③辟（pì）：排除、驳斥。

【译文】只因人们不能把儒、释、道三教之教义融会贯通，于是随顺各自不同的观点，各持己见。仰慕道家的人说佛教不如道家高深，学佛的人又说道家不如佛教博大。而儒家学者又把二者视为异端加以驳斥，从而生起门户之见，相互争论，比较高下，纠葛争执互不相让。

朕以持三教之论，亦惟得其平而已矣^①。能得其平，则外略形迹之异^②，内证性理之同^③。而知三教初无异旨，无非欲人同归于善。

【注释】①平：平等。

②形迹：形式表象。

③性理：实质内涵。

【译文】而我对儒释道三教的教义，也只是持平等态度对待而已。如能以平等心来看待，就不会计较外在表现形式的差异，而能领悟到三教所蕴含的心性理体是相同的。可见三教的出发点和宗旨是无异的，无不是希望人人归向善处。

夫佛氏之五戒十善①，导人于善也。吾儒之五常百行②，诱掖奖劝③，有一不引人为善者哉。

【注释】①五戒：佛法法门无量，无不以戒为基础，因戒生定，因定开慧，方能达学佛之目的。五戒乃是在家居士所受持之根本戒律。五戒者：一、不杀生：凡是一切有生命者，乃至蜎飞蠕动，微细昆虫，皆不得有意杀，或教他杀，或见杀而随喜赞叹。二、不偷盗：对于公共财物，私人财物、寺庙和僧众之财物，皆不得侵占，乃至一针一草，不予而自取，或窃取，或诈取，乃至违反世法偷税漏税，无票乘车，冒名顶替，贪污舞弊等，均不应为。亦不自盗，不教他盗，不见盗随喜，应清心寡欲，勤俭持家，廉洁自爱。三、不邪淫：在家居士，除正式配偶外，不得有任何淫秽行为。四、不妄语：妄语有四，一者妄言，即口是心非，欺诳不实；二者绮语，花言巧语，伤风败俗；三者恶口，辱骂毁谤，恶语伤人；四者两舌，挑拨是非，斗乱两头。五、不饮酒：学佛人一切酒、乃至含有麻醉人性的酒类及毒品，皆不可饮。除因重病，非酒莫疗者，作为药酒，方可饮用。
　②五常：指儒家所提倡的仁、义、礼、智、信。我国文化自古特重孝道与伦常，五常即是五种伦常大道，若能遵守而行之，才能具足做人的资格。百行：百是形容多，行是行为。百行是指儒家的诸多行为规范。
　③诱掖奖劝：引导扶持，奖励劝勉，助人向善。
【译文】佛教的五戒十善，教导人们要止恶修善，我们儒家的五常百行，也是在引导扶持，奖励劝勉，又有哪一样不是为了引导人们向善的呢？

昔宋文帝①，问侍中何尚之曰②：六经本是济俗③，若性灵真要④，则以佛经为指南，如率土之民，皆淳此化，则吾坐致太平矣。

【注释】①宋文帝：即刘义隆（公元407-453年），为中国南北朝时期，宋朝的第三位皇帝，公元424年即位，在位三十年。

②侍中：南北朝官阶名。与中书监、侍中、尚书令同为宰相，分管取旨、审核、执行等事。何尚之：字彦德，庐江灊县（今属安徽霍山）人，是南北朝时期一位审慎明达的政治家，也是当时一位深通玄学义理的名士。

③六经：即《易》《书》《诗》《礼》《乐》《春秋》。济俗：端正社会风气。

④性灵真要：宇宙人生的真相，心性之学。

【译文】过去，宋文帝对侍中何尚之说："六经这些儒家典籍的根本是济世育人，端正社会风气；若对于心性的探究，了悟宇宙人生的真谛来说，则佛法经论可做为指南。如果全天下的人民都能以真诚心接受这种教化，我就可坐享太平了。"

何尚之对曰：百家之乡，十人持五戒，则十人淳谨①。千室之邑②，百人持十善，则百人和睦。持此风教，以周寰区③，则编户亿千，仁人百万，而能行一善，则去一恶，去一恶，则息一刑，一刑息于家，万刑息于国，洵乎可以垂拱坐致太平矣④。

【注释】①淳谨：纯厚，朴素，谨慎。

②邑：城市。

③寰区：指国家。

④洵：实在、诚然、可信的。垂拱：太平无事，无为而治。

【译文】何尚之回答说："百户人家的乡村有十人能持五戒，就有十人真诚纯朴，千户人家的城市，有一百人能修十善，就有一百人和睦共处。持此良好的教化风气，遍及全国上下，则编户亿千之地，就会有百万仁人，整个国家的社会风气就能改善。而且，人能行一善，则离一恶，离一恶，则免用一刑，家免一刑，则国免万刑，确实可以垂手坐享太平了。"

斯言也①，盖以劝善者②，治天下之要道也。而佛教之化贪吝③，诱贤良④，其旨亦本于此。苟信而从之，洵可以型方训俗⑤，而为致君泽民之大助。其任意诋毁，妄捏为杨墨之道之论者⑥，皆未见颜色⑦，失平之瞽说也⑧。特谕。

【注释】①斯言：指上文中宋文帝和何尚之之间的对话。斯：代词，这。

②盖：承上文申说理由或原因。

③贪吝：过分贪求且吝啬。

④贤良：有德行的人。

⑤型方训俗：型方即做一方的典范、楷模；训指训导；俗即一般平民。

⑥杨墨之道：指杨朱和墨翟之说。杨朱、墨翟，春秋战国时代人，所主张之学说与孔圣之道相违背，被儒家视为外道。

⑦颜色：此指真理。

⑧瞽：瞎眼，比喻人没有明辨是非的能力。

【译文】宋文帝与何尚之的这一段对话，都在劝勉人们行善，这是治理天下的关键。佛教教化人们除去贪婪吝啬的心，引导人们做善良贤明的好人，其目的也是出于此。如能信从佛陀教育，依教奉行，确实可以规范社会，训导黎民百姓，改善风尚，从而成为国家领导人布施恩泽，造福人民的最大助力。它们（指三教）之间任意诋毁，妄加捏造对方为杨墨之道似的偏激言论，这都是没见到真理，失去公平的瞎说。

特别诏告于天下。

雍正十一年二月十五日。

经 题

佛说十善业道经①

【注释】①佛：印度语佛陀、佛陀耶的简称，翻译成中文是"智慧、觉悟"的意思。一个对人生和宇宙真相彻底通达明了的人，便称之为佛。这里是指本师释迦牟尼佛。释迦牟尼佛，姓释迦，名牟尼，佛是他所证到的果位。他是中印度迦毗罗卫国的王太子，父王名叫净饭王，母后名叫摩诃摩耶。十七岁娶妻，名耶输陀罗。因感人世间有生、老、病、死种种的苦恼，为解除自己和他人的苦恼，在十九岁时，舍弃了王位的尊荣，而只身遁入深山。经过五年的访问，六年的静坐，苦心参究，才彻悟了宇宙人生的真理，也就是成佛。成佛之后，周游五印度，说法教人，达四十九年之久。所以，释迦牟尼佛是历史上存在的真实人物，并不是想象中的神话人物，而是一位义务的社会教育工作者。说："悦所怀也，佛说法都是看机缘的，佛看到一切众生转恶为善，转迷为悟，转凡成圣的机缘成熟，可以接受这个法门，所以就非常欢喜的教导，劝化大众，帮助一切众生当生成就。"佛说，此处含义不仅指释迦牟尼佛说，也指宇宙间一切诸佛说（这部经）。十善：在佛法，"十"不是数字，是代表大圆满，大圆满的善法归纳为十个纲领，即身、口、意三业，所行之十种良善的行为，反之，身口意所行之十种恶行为，称为十恶。十善即是一不杀生、二不偷盗、三不邪淫、四不妄言、五不绮语、六不恶口、七不两舌（前七见前注）、八不贪，对财、色、名、食、睡五欲，不起贪染之心。九不瞋，对违逆自己心意的人事环境不起怨恨之心。十不痴，对一切事物明达而不迷惑。业：从起心动念、言语造作，一切活动正在进行时是"事"，事后的结果称之为"业"。所以，做好事叫善业，不好的事叫恶业，无所谓善恶者叫无记业。道：从理上讲是宇宙人生的大道。从事上讲是十法界（各种不同维次的时空）、一真法界。经：指所说的道理、方法，不受任何时间和空间的限制，永远是正确的教科书。

【题解】释迦牟尼佛为一切众生，宣讲有关修行十善业道的一部经典。本经是修学佛法的基础，如无此基础，无论修学哪一个法门皆不能成就，十善业道修学圆满，就是无上菩提。本经也是十方三世一切诸佛如来教化众生都在宣说修学基础的一部重要经典。

人 题

唐于阗三藏法师实叉难陀译①

【注释】①唐：指唐朝时代。于阗：古代西域诸国之一，今属新疆和田。三藏法师：指精通经、律、论三藏的法师。实叉难陀（公元652-710年），佛经翻译家，据《宋高僧传》卷二载，他共译经十九部一〇七卷。最主要的是《华严经》和《地藏菩萨本愿经》及《大乘入楞伽经》，武则天均撰有序文。

【译文】三藏法师实叉难陀由西域于阗国来到中国，在唐朝武则天时代主持翻译本经。

序 分

【题解】佛教经论，分序、正、流通三分。初为序分。

序分是指佛经中叙述本经产生由来的部分，序分一般位于佛经正文的开头部分。佛经的序分部分，就是为读经的人说明这部经文是因为什么事情或什么人而说，就是所谓的本经因缘。读了序分部分，我们会大概了解一部经书的产生时间、地点、缘由等情况，有助于我们更好地理解佛经的主旨。

序分，主要分为通序和别序。通序基本为每部佛经所共有，一般包括"信、闻、时、主、处、众"六部分内容。"六事"主要说明了释迦牟尼讲说此经的时间、地点、听众等信息，如果"六事"完全具备，则表明本经真实可信，符合佛法的，所以通序又称为"六成就""证信序"。此外，有的佛经为了传诵方便，有时也省略通序部分，《心经》就是典型的例子。所谓别序，为每部佛经的序分部分中所独有的内容，是指一部佛经发起的因缘。由于不同的佛经，是世尊在不同的时间与地点，对不同的人讲说的，所以每部经的发起因缘都不相同，所以，别序又称为"发起序"。

如是我闻①，一时②，佛在娑竭罗龙宫③，与八千大比丘众④，三万二千菩萨摩诃萨俱⑤。

【注释】①如是我闻："如"是事实真相的代表字，"是"依事实真相而说的称为"是"，"我"是阿难尊者的自称，"闻"指此经是阿难亲自听佛所说的。

②一时：是佛讲这部经的时间，也就是众生根性机缘成熟的时候。

③娑竭罗：又作娑伽罗龙王。娑竭罗，意译为咸水海。龙宫：为龙王或龙神的住所。在大海之底，龙王以神力化作宫殿，为现世佛法隐没时龙王护持财宝、经卷之所在。在本经指大龙菩萨的道场，位于我们不同维次的空间。

④大：生大解、破大恶、证大果。比丘：有三义。一、乞士—乞食养身，乞法养心。二、破恶—破贪、瞋、痴等烦恼恶。三、怖魔—魔的骄慢嫉妒心很重，时时担心别人超胜过他；比丘发心修道，一心希求出离三界，所以魔见了心生恐怖。

⑤菩萨摩诃萨："菩萨"，印度语"菩提萨埵"的简称。译成中文是"觉悟的有情众生"，不但自己觉悟，还能主动帮助一切众生觉悟。"摩诃萨"，即大菩萨的意思。

【译文】这部依据事实真相而说的经典，是我阿难亲自听释迦牟尼佛说的。那个时候，佛在娑竭罗龙宫中说法，与八千大比丘和三万二千大菩萨，同聚一会。

正宗分

【题解】正宗分是佛经的正文，所谓"正宗"，是佛的说法一定是正说，而且也是能证明经书的要义的意思。佛经的正宗分部分，一般包括了佛法教义的阐明、论证及修行法门，是一部佛经中最重要的部分。因为正宗分的重要性，所以历代高僧都对正宗分非常重视，不惜花费诸多精力来进行分析，一般来说，佛经的正宗分的解法主要分为"佛答问题"解法及"信、愿、行"解法。

尔时世尊[①]，告龙王言：一切众生[②]，心想异故，造业亦异，由是故有诸趣轮转[③]。

【注释】①世尊：佛的称号之一，即为世间所尊重者之意，亦指世界中之最尊者。

②众生：佛法讲缘生。而众生就是众缘和合而生起的现象，包括有情众生和无情众生。人及各种动物可以称为有情众生。植物，矿物可以称为无情众生。

③诸趣：即六趣、六道。人、天、阿修罗、畜生、饿鬼、地狱。其中人、

天、阿修罗为三善道，畜生、饿鬼、地狱为三恶道。合起来称为六道。

【译文】这时，佛告诉龙王说：一切众生，因起心动念之不同，所造作的善与不善业也不相同，因此才感得六道生死轮回，辗转不休。

龙王。汝见此会^①，及大海中^②，形色种类，各别不耶？如是一切，靡不由心造善不善^③，身业语业意业所致^④。

【注释】①汝：你，指龙王。

②大海：比喻整个社会。

③靡：无。

④身业：指身所造作之业。可分为善、恶、无记三种。身恶业指杀生、偷盗、邪淫；反之，不杀生、不偷盗、不邪淫即为身善业。非善非恶而无感果之力的行为，则为无记之身业。语业：指言语行为之业，有善有恶，若妄语、离间语、恶语、绮语等为口恶业；若不妄语、不两舌、不恶语、不绮语则为口善业。意业：指念头，有善有恶，若贪欲、瞋恚、邪见等为意恶业；若不贪、不瞋、不邪见则为意善业。

【译文】龙王，你看参加此法会的大比丘和大菩萨们，以及大海中众生的形状、肤色种类，是不是各个不同？这一切无不是由众生心之善与不善，所造身语意三业之不同而招致的。

而心无色^①，不可见取^②，但是虚妄，诸法集起^③，毕竟无主^④，无我我所^⑤，虽各随业，所现不同，而实于中，无有作者，故一切法，皆不思议。

【注释】①色：色法，指一切有形有相之物质。色有变坏、质碍、示现等义。山河大地，房宅器物，以至有情的肉体色身，及五识所接触的色声香味触五境，乃至第六识所缘之境（法处所摄色），均在色法的范围之内。根据唯识学，万法皆识所变，色法就是心王及心所所变现的影像。

②取：执着、占有。

③诸法：包括心法、心所法、色法、心不相应行法。集起：集，谓一切现行法皆于阿赖耶识薰其种子；起，谓由此识生一切现行法。

④主：主宰。

⑤无我：有人无我与法无我，人无我，即一切有情，无不是由四大（地水火风）五蕴（色受想行识），假和合而成，似有而又无真实之生命主体可言，故称为人无我，又称我空。法无我，即一切万法皆依因缘（各种条件）而生，其存在本来即无自性可言，称为法无我，又称法空。我所：指为我所有之观念，即我之所有、我之所属之意。即以自身为我，自身以外之物皆为我所有。

【译文】然而众生心不是色法，无形无相，不可见不可取。人们所见所取者，只是由人们的虚妄心（六尘缘影的幻心）而生起的虚妄现象而已。诸法因缘和合而生，缘起性空，毕竟没有主宰，无我亦无我所。虽然众生各随着自己的业力，现出不同的形色、种类、境界，但是，事实上在这中间，并没有创造者，都是当体即空，了不可得，所以说，一切法不可思议。

自性如幻①，智者知已②，应修善业，以是所生蕴处界等③，皆悉端正，见者无厌。

【注释】①自性：指自体之本性，即诸法皆有真实不变、清纯无杂之体性，称为自性。

②智者：明了事实真相的人，即诸佛菩萨。

③蕴：五蕴，即色、受、想、行、识。色是身体，属物质现象；受是感受；想是思惟；行是生灭念头刹那不住；识是含藏，即造作的善恶业、无记业种子含藏在阿赖耶识里。受想行识属心理现象。处：十二处，即六根六尘。六根是眼、耳、鼻、舌、身、意。六尘是色、声、香、味、触、法。界：十八界，十二处加六识。六识为眼识、耳识、鼻识、舌识、身识、意识。

【译文】真如自性随缘能现种种虚幻境界，真正有大智慧的人，明了这一点，如法熏修善业，以修显性，因此感得身心世界及居住环境，皆是端正庄严，使一切见闻者，欢喜不厌。

龙王。汝观佛身，从百千亿福德所生①，诸相庄严光明显曜，蔽诸大众②，设无量亿自在梵王③，悉不复现，其有瞻仰④如来身者，莫不目眩⑤。

【注释】①福德：修习善法所感得的福报称为福。心念纯净、言行纯善称为德。

②蔽：隐蔽。

③自在梵王：指大自在天王，又名摩醯（xī）首罗天王，是色界十八天中之最高天，此天天王为三界尊极之主。

④瞻仰：以恭敬之心仰观。

⑤眩：光芒耀眼，此处是指佛光摄受之力。

【译文】龙王，你仔细观察佛圆满的身相，是由无量无边的福德而生，色相庄严殊胜，光明显曜，使一切大众隐蔽而不能显现。即使有无量亿大自在天的梵王，在佛光照耀之下，他们的光明福德，也完全会被掩蔽。如果有如教修行而得瞻仰如来微妙金色身者，无不感到佛光的慈悲摄受力。

　　汝又观此，诸大菩萨，妙色严净①，一切皆由修集善业福德而生。

　　【注释】①妙色严净：指菩萨的相貌美妙、庄严、清净。

　　【译文】龙王！你再看！与会的诸大菩萨，他们光明虽不及如来，但他们已经获得清净庄严的妙相，这一切都是由修集善业培植福德而感召的。

　　又诸天龙八部众等①，大威势者②。亦因善业福德所生。

　　【注释】①天龙八部：又称八部众。即天众、龙众、夜叉众、阿修罗众、迦楼罗众、干闼婆众、紧那罗众、摩睺罗伽众。这是佛经中常见的"护法神"。"天"是指三界二十八天。中国古代把龙列为四灵之一，佛经上称龙力不可思议，诸天和龙神为八部众的上首。其它六部众为：夜叉，勇健、轻捷，如守护佛寺山门的执金刚夜叉，毗沙门天王麾下的夜叉八大将军。干闼婆，意为"寻香"，吸香气为食，从属于天帝释，能凌空作乐。阿修罗，意译为"非天"，身大好斗。迦楼罗，居住在四大洲大树上的金翅鸟神。紧那罗，歌神，帝释属下，似人而头有角。摩睺罗伽，大蟒神，人身蛇首，乐神。这些都是守护佛法之大力神。
　　②大威势者：威，是有威德，势，是有势力。大威德者，是指社会上各

行各业有权力有威德的领导人。

【译文】还有，具有威猛势力，能降伏魔怨，拥护佛法的天龙八部等众，以及社会各个阶层有威德有势力的领导人，也都是修习善业福德而感得的善果。

今大海中，所有众生，形色粗鄙①，或大或小，皆由自心，种种想念，作身语意，诸不善业。是故随业，各自受报。

【注释】①粗鄙：粗陋鄙俗。

【译文】龙王！你再看现今大海中一切众生，它们的形象极其粗恶鄙陋，有的庞大威猛，有的卑微弱小。这些也都是由于它们自己心中存有种种妄念，造作各种不善的身语意业，因此随着这许多不同的业因，而感受着不同的果报。

汝今当应如是修学。亦令众生了达因果①，修习善业。汝当于此，正见不动②，勿复堕在断常见中③。于诸福田④，欢喜敬养。是故汝等，亦得人天尊敬供养。

【注释】①了达：明了通达。

②正见：正确的见解，亦即离诸邪知邪见的如实知见。

③断常见：断见和常见。断见，认为人死如灯灭，一切都没有了，不信来世，不信因果报应。常见，认为人死永远做人，过二十年后，又是一条好汉。这是世间人常有的两种错误见解。

④福田：田是比喻，像田地那样播下种子就可以收获。福田指能种植

福德的"田"。福田有三种：敬田、恩田、悲田。敬田：对佛法僧三宝，恭敬供养而得福报。恩田：父母有养育之恩，师长有教诲之恩，若能恭敬供养，自然获福。悲田：慈悯救拔世间一切苦难众生，施与所需物质的帮助，乃至教学的帮助。

【译文】龙王！你应当如我以上所说的善因善果去修学，而且要帮助众生，了达因缘果报的道理，精勤修习十善业道。你更应当坚定这种正确的见解，心不动摇，不要再堕入执断执常的邪见之中。对于三宝、父母师长常存恭敬感恩之心，欢喜供养，并悲悯帮助世间一切苦难众生。如是修学，你们也会得到人天的尊敬和供养。

龙王当知。菩萨有一法，能断一切诸恶道苦。何等为一？谓于昼夜常念思惟①，观察善法②，令诸善法，念念增长，不容毫分，不善间杂，是即能令诸恶永断，善法圆满，常得亲近诸佛菩萨及余圣众。

【注释】①常念：是心善。思惟：是思想善。
②观察：是言语行为善。

【译文】龙王！你应当知晓，菩萨有一个方法，能够断除六道十法界身心之苦。这一个方法是什么呢？就是能于昼夜保持心善、念善、行为善，令所有善法，相续不断，念念增长，不容许毫分不善的念头夹杂于其中。这样久而久之，就能够远离一切恶法，成就圆满一切善法，便能常常得以亲近十方诸佛菩萨和一切圣贤了。

言善法者, 谓人天身, 声闻菩提①, 独觉菩提②, 无上菩提③, 皆依此法, 以为根本, 而得成就, 故名善法。

【注释】①声闻: 因闻佛说法的音声而悟道, 所以称声闻。

②独觉: 在山林水边, 孤身独处, 观察自然界的花开花谢, 而觉悟身世无常的真理, 不一定出生于有佛之世, 所以称独觉。若生于佛世闻佛说十二因缘而觉悟者名缘觉、辟支佛。

③无上菩提: 菩提是梵语, 意译为觉悟、智慧。佛的智慧德能是最究竟圆满的, 所以称为"无上菩提"。

【译文】所说的善法, 就是指人、天、声闻、辟支佛、菩萨乃至无上正等正觉, 都是依照这个根本方法修行而得以成就的, 所以称这个方法为善法。

此法即是, 十善业道。何等为十? 谓能永离杀生、偷盗、邪行、妄语、两舌、恶口、绮语、贪欲、瞋恚、邪见。

【译文】这个法就是修行十善业道。是哪十善呢? 就是身永离杀生、偷盗、邪行。口永离妄语、两舌、恶口、绮语等不善行为, 并积极去放生护生, 不占他人便宜, 与人方便, 言行端正, 诚实守信。意永离贪欲、瞋恚及邪知邪见。

龙王。若离杀生, 即得成就十离恼法。何等为十? 一、于诸众生普施无畏①; 二、常于众生起大慈心; 三、永断一切瞋恚习气;四、身常无病;五、寿命长远;六、恒为非人之所守护②;七、常无恶梦、寝觉快乐;八、灭除怨结、众怨自解;九、无恶道怖③;十、命终生天。是为十。若能回向阿耨多罗三藐三菩提者④,后成佛时,得佛随心自在寿命⑤。

【注释】①普施无畏:即无畏布施。当众生遇到灾难恐怖时,给以身命、财物或佛法的布施,帮助众生离开忧虑恐怖,身心得到安稳。

②非人:指人道之外的众生,多半是指护法的鬼神。

③恶道:地狱、饿鬼、畜生三恶道。怖:恐怖。

④回向:回转趣向。就是回转自己三业所修的善根功德,趣向于所期望的目标。阿耨多罗三藐三菩提:是梵语音译,意译为"无上正等正觉"。"阿耨多罗"为无上,"三藐"为正等,"三菩提"为正觉。意思是:能觉知一切真理,并能如实了知一切事物,智慧能力均达到了最究竟圆满。

⑤随心自在寿命:佛的寿命本是无量无边,应身佛住世的寿命,或长或短,是视众生的机缘而定,佛可以随心自在,毫无障碍。

【译文】龙王,如果远离杀害众生的行为和念头,即能成就十种远离烦恼的果报。是哪十种呢?一、于一切众生普施无畏,令其身心安稳没有恐惧。二、于一切众生,常常生起大慈悲心,真诚爱护。三、能永远断除一切瞋恚的习气,逆来顺受不生烦恼。四、身体健康无有疾病。五、寿命长远。六、永远得到天地鬼神的拥护。七、睡时常无恶梦侵扰,安稳快乐。八、化解冤亲债主的怨结,所有的怨恨自然解除。九、坚信自己不会堕恶道,对于恶道自然不生畏怖。十、命终得生天道享福。这就是不杀生的十种善的果报。若能以此功德回向无上正等正觉,将来成佛时就能得到佛那样随心自在的无量寿。

复次龙王。若离偷盗，即得十种可保信法。何等为十？一者、资财盈积，王贼水火及非爱子不能散灭①；二、多人爱念；三、人不欺负；四、十方赞美；五、不忧损害；六、善名流布；七、处众无畏②；八、财命色力安乐、辩才具足无缺③；九、常怀施意；十、命终生天。是为十。若能回向阿耨多罗三藐三菩提者，后成佛时，得证清净大菩提智。

【注释】①王：代表法律，受到国法制裁而没收财产。贼：盗贼。水火：指大水漂走或火烧。非爱子：败家子。

②无畏：具有无所怖畏之自信，而勇猛安稳。

③辩才：即对于一事一理，辗转反复，巧于辩述。

【译文】佛又对龙王说，如果远离偷盗及占有的行为和念头，即能得到十种财产恒保不失，人品信誉可靠的殊胜果报。是哪十种呢？一、家中物资财宝丰足，积蓄丰厚，不为王法、盗贼、水火及败家子所耗散毁损。二、得到众人的爱戴和拥护。三、人不欺负。四、因能克服自己的烦恼习气，故得十方诸佛赞美。五、即使遭到别人的损害也不会忧虑。六、积善之名广为流传。七、身处大众之中自在，从容，无所畏惧。八、财产安稳，寿命长远，身体康乐，而且辩才无碍。九、对一切众生常存布施之心。十、命终生天享福。这就是离偷盗的十种善的果报。若能以此功德回向无上正等正觉，将来成佛时就能证得如佛那样清净圆满的大智慧。

复次龙王。若离邪行，即得四种智所赞法。何等为四？一、诸根调顺①；二、永离喧掉②；三、世所称叹；四、妻莫能侵。是为四。若能回向阿耨多罗三藐三菩提者，后成佛时，得佛丈夫隐密藏相③。

【注释】①诸根：指眼、耳、鼻、舌、身、意六根。

②喧掉：喧，吵闹；掉，身心不安。这里是指夫妻失和，家不安宁。

③丈夫：威容整肃，形仪英伟，诸根完具，身心猛利，勇进正道，修行不退之人。隐密藏相：佛的三十二相之一，又称"马阴藏相"。

【译文】佛又对龙王说，如果远离邪行邪念，即能得到有智慧之人所赞叹的四种果报。是哪四种呢？一、身体健康调柔和顺。二、家庭祥和安宁，远离吵闹。三、为社会大众所共赞叹。四、妻室不受侵犯。这就是离邪行的四种善果。若能以此功德回向无上正等正觉，将来成佛时，就能得到如佛一样的大丈夫隐密藏相。

复次龙王。若离妄语，即得八种天所赞法。何等为八？一、口常清净，优钵华香①；二、为诸世间之所信伏；三、发言成证、人天敬爱；四、常以爱语②、安慰众生；五、得胜意乐③、三业清净；六、言无误失、心常欢喜；七、发言尊重、人天奉行；八、智慧殊胜，无能制伏。是为八。若能回向阿耨多罗三藐三菩提者，后成佛时，即得如来真实语④。

【注释】①优钵华：即青色莲花，气味清香。

②爱语：依众生的根性善言慰喻，令起向往之心而学习菩萨道。

③胜意乐：这种喜悦不是外界刺激所得，而是由内心自然流露，能消除一切烦恼、习气等苦恼。

④如来真实语：如来所说的话，在俗谛上真实不虚，在真谛上契合实相，叫做"真实语"。

【译文】佛又对龙王说，如果能远离妄语，说诚实话，就能得到八种天人所赞叹的果报。是哪八种呢？一、语业清净，口常出青莲花香。二、诚实的言语为世人所尊重、信伏。三、所言无虚，出言成证，能得到人、天大众的尊敬爱戴。四、常用真实关爱之言安慰劝勉苦难众生。五、法喜充满，身口意三业清净。六、言论没有过失，常生欢喜心。七、言论诚实可靠，人、天都欢喜、尊重并依之奉行。八、智慧超群，辩才无碍，无人驳倒。这就是远离妄语的八种善果。若能以此功德回向无上正等正觉，将来成佛时，就能得到如来真实语。

　　复次龙王。若离两舌，即得五种不可坏法。何等为五？一、得不坏身、无能害故；二、得不坏眷属、无能破故；三、得不坏信、顺本业故①；四、得不坏法行、所修坚固故；五、得不坏善知识②、不诳惑故。是为五。若能回向阿耨多罗三藐三菩提者，后成佛时，得正眷属③，诸魔外道不能沮坏④。

【注释】①本业：在世间所从事的正当行业。

②善知识：知因识果，正直且有德行，能教导正道之人。

③正眷属：即法眷属，修习正法、道心坚固之清净僧团。

④魔：指能扰乱身心，破坏好事，障碍善法的一切力量，名外魔；一切

烦恼、疑惑、迷恋等妨碍慧命成长的力量，名内魔，亦名烦恼魔。外道：佛法为内学，要向内心而求，若心向外而求法者均称为外道。

【译文】佛又对龙王说，如果远离两舌，即能得到五种坚固不坏的果报。是哪五种呢？一、得不坏之身，无人能伤害。二、得和睦眷属，无人能离间。三、得诚信美誉，正业顺利。四、得修行正法，道心坚固，不遭破坏。五、得良师益友，不受欺骗迷惑。这就是远离两舌的五种善果。若能以此功德回向无上正等正觉，将来成佛时，就能得到修习正法、道心坚固的清净僧团，一切诸魔外道不能破坏阻挠。

复次龙王。若离恶口，即得成就八种净业。何等为八？一、言不乖度①；二、言皆利益；三、言必契理；四、言词美妙；五、言可承领；六、言则信用；七、言无可讥；八、言尽爱乐。是为八。若能回向阿耨多罗三藐三菩提者，后成佛时，具足如来梵音声相②。

【注释】①乖度：乖是违背，度是分寸。
②梵音声相：佛三十二相之一。此是佛于因位中不恶口，说实言美语，教导正论，不谤正法，所感得妙相。又佛的声音有五种清净相，即正直、和雅、清澈、深满、周遍远闻。

【译文】佛又对龙王说，如果远离恶口，即能成就八种清净善业。是哪八种呢？一、言语如理如法，恰如其分。二、出言成则，闻者受益。三、言论符合事实真相，契机契理。四、善巧说法，言词美妙。

五、言语温和自然，令人信受。六、心地真诚，言而有信。七、言词正确，无可指责。八、语言和善，人人喜闻。这就是远离恶口的八种善德。若能以此功德回向无上正等正觉，将来成佛时，就具足如来梵音声相。

复次龙王。若离绮语，即得成就三种决定。何等为三？一、定为智人所爱；二、定能以智如实答问；三、定于人天威德最胜、无有虚妄。是为三。若能回向阿耨多罗三藐三菩提者，后成佛时，即得如来诸所授记①，皆不唐捐②。

【注释】①授记：佛经体裁之一，内容是佛为弟子预记未来成佛的国土、名号、寿命、教化众生等事。

②唐捐：废弃、落空。

【译文】佛又对龙王说，如果远离绮语，即能成就三种决定善果。是哪三种呢？一、决定为诸佛菩萨所爱护。二、决定能以智慧言语，善巧方便，如实答问。三、决定能得人天威望德行最殊胜的果报，无有虚妄。这就是远离绮语的三种善报。若能以此回向无上正等正觉，就能获得如来诸所授记，一切功德皆不虚掷。

复次龙王。若离贪欲，即得成就五种自在。何等为五？一、三业自在、诸根具足故；二、财物自在、一切怨贼不能夺故；三、福德自在、随心所欲、物皆备故；四、王位自在、珍奇妙物、皆奉献故；五、所获之物过本所求、百倍殊胜，由于昔时不悭嫉故①。是为五。若能回向阿耨多罗三藐三菩提者，后成佛时，三界特尊②，皆共敬养。

【注释】①悭嫉：悭指一个人的气度狭窄、吝啬。嫉指妒忌别人的优点。

②三界：欲界、色界、无色界。

【译文】佛又对龙王说，如果远离贪欲，即能得到五种自在的果报。是哪五种呢？一、身口意三业清净自在，六根具足，身体健康，心无烦恼。二、财物随意具足无缺，一切冤家盗贼不会抢夺侵占。三、福德自在，财物具备，随心所欲，无不成办。四、社会地位受到大众拥戴，珍奇妙物皆由百姓奉献，又能以此回馈社会。五、由于前世不悭吝嫉妒，故今生所得的财物远胜所求百倍。这就是远离贪欲所得的五种自在果报。若能以此功德回向无上正等正觉。将来成佛时，就能得到三界众生无比的尊重与诚敬供养。

复次龙王。若离瞋恚，即得八种喜悦心法。何等为八？一、无损恼心；二、无瞋恚心；三、无诤讼心；四、柔和质直心；五、得圣者慈心①；六、常作利益安众生心；七、身相端严、众共尊敬；八、以和忍故、速生梵世②。是为八。若能回向阿耨多罗三藐三菩提者，后成佛时，得无碍心，观者无厌。

【注释】①圣者：指四圣法界以上地位的人，如声闻、缘觉。

②梵世：指梵天所支配的世界，即色界天。因修清净梵行，而生此天故。

【译文】佛又对龙王说，如果远离瞋恚，即能得到八种喜悦心。

是哪八种呢? 一、无损人利己、令众生烦恼的心。二、无瞋恚恼怒心。三、无争论斗讼、是非之心。四、心意柔和, 正直而无谄曲。五、得具圣人一样的慈悲心。六、时常存有利益安乐一切众生的心。七、容貌端正庄严, 令一切众生尊敬。八、由于和善忍辱, 能够承受一切善恶、违顺的境界, 命终速生色界天。这就是远离瞋恚的八种功德。若能以此回向无上正等正觉, 将来成佛时, 就能得到佛的自在无障碍心, 令见闻者无不欢喜。

复次龙王。若离邪见, 即得成就十功德法①。何等为十? 一、得真善意乐、真善等侣; 二、深信因果、宁殒身命、终不作恶; 三、惟归依佛②、非余天等; 四、直心正见、永离一切吉凶疑网; 五、常生人天、不更恶道; 六、无量福慧、转转增胜; 七、永离邪道、行于圣道③; 八、不起身见④、舍诸恶业; 九、住无碍见; 十、不堕诸难。是为十。若能回向阿耨多罗三藐三菩提者, 后成佛时, 速证一切佛法, 成就自在神通。

【注释】①功德: 修行是功, 身心清净是德。灭除内心的愚痴是功, 智慧现前是德。德者得也, 修行有所得, 故名功德。

②皈依: 归敬依投于佛、法、僧三宝, 也就是从迷邪染回头, 依觉正净, 觉而不迷、正而不邪、净而不染。

③圣道: 圣人之道, 即十善业道。

④身见: 即"我见", 就是认为"我"和"我所"都是真实存在的一种错误观点。身见是一切烦恼的根本。

【译文】佛又对龙王说，如果远离邪见，即得成就十种功德。是哪十种呢？一、法喜充满，得真正善友。二、深信因果，宁舍身命，终不作恶。三、惟皈依佛，不皈依神明天道等众。四、心地平直，见解正确，永离一切吉凶疑惑之说。五、常生人天善道，不堕恶道。六、无量福德智慧，辗转增胜。七、永离邪道，行于圣人之道。八、不执着色身为我，舍离一切恶业。九、具真实智慧，正知正见，通达无碍。十、不会感召各种灾难。这就是远离邪见的十种殊胜功德。若能以此功德回向无上正等正觉，将来成佛时，速证诸法实相，成就自在神通。

尔时世尊^①，复告龙王言。若有菩萨，依此善业，于修道时^②，能离杀害，而行施故^③，常富财宝，无能侵夺，长寿无夭，不为一切怨贼损害。

【注释】①尔时：是佛说完修学十善业的利益的这个时候。

②修道：修正自己错误的思想、行为，使之日趋于佛道。

③行施：行即行为，施即布施。为六度之一。此处是指将布施的行为落实在日常生活之中。

【译文】这时，释迦牟尼佛又告诉龙王说，如果有菩萨，依据以上的十种善业，在正修菩萨道时，能够远离杀害生灵，进而修行布施，则能常得财宝丰足，无有能侵犯夺取者。而且健康长寿，不会夭折或死于非命，也不会为怨家、盗贼所损害。

离不与取①，而行施故，常富财宝，无能侵夺，最胜无比，悉能备集，诸佛法藏②。

【注释】①不与取：属于盗戒，即有主物未经主人同意而随意动用，甚至据为己有。

②法藏：法就是佛陀所说的教法，藏是含藏。意指诸佛如来有无量的智慧德能。

【译文】修学佛法的菩萨，若能远离不与而取的盗窃行为，进而修行布施，则能常得财宝丰足，无有能侵犯夺取者，而且能得到更加无比殊胜的果报，于十方三世诸佛的法藏皆能通达。

离非梵行①，而行施故，常富财宝，无能侵夺，其家直顺②，母及妻子，无有能以欲心视者。

【注释】①非梵行：梵行，即清净的行为；非梵行，就是秽恶的行为。此处是指淫欲。

②直顺：直是正直，顺是和顺。此指妻子能和睦家人，服从丈夫。

【译文】修学佛法的菩萨，若能远离淫乱的非梵行，进而修行三种布施，则能常得财宝丰足，无有能侵犯夺取者，不仅其妻子能保守贞节，正直和顺，而且，他的母亲妻子儿女备受世人尊敬，外人绝不以淫欲心觊觎之。

离虚诳语①，而行施故，常富财宝，无能侵夺，离众毁谤，摄持正法②, 如其誓愿③, 所作必果。

【注释】①虚诳语: 欺人欺自的不实之言, 即是妄语。

②正法: 佛陀所说之教法, 揭示宇宙人生真相的理论和证得的方法。

③誓愿: 发愿起誓完成或达到某一件事、某种目标。

【译文】修学佛法的菩萨, 若能远离虚妄不实的言语, 进而修行布施, 则能常得财宝丰足, 无有能侵犯夺取者。且不会遭到众人的诽谤, 又能如实受持佛陀的教诲, 精勤修行, 必能满其所愿。

离离间语①, 而行施故, 常富财宝, 无能侵夺, 眷属和睦, 同一志乐, 恒无乖诤②。

【注释】①离间语: 即是两舌, 挑拨是非, 离间人家和好的言语。罪报拔舌地狱。

②乖诤: 违反情理, 相互争执。

【译文】修学佛法的菩萨, 若能远离两舌, 不挑拨离间, 进而修行布施, 则能常得财宝丰足, 无有能侵犯夺取者, 且眷属和睦, 同心同德, 和乐融融, 永无口舌之争。

离粗恶语①, 而行施故, 常富财宝, 无能侵夺, 一切众会②, 欢喜归依, 言皆信受, 无违拒者。

【注释】①粗恶语: 粗言秽语, 即是恶口。

②众会: 大众集会的场所。

【译文】修学佛法的人，若能远离粗言恶语，进而修行布施，则能常得财宝丰足，无有能侵犯夺取者。于一切大众集会处，皆能受到欢迎拥戴，而且众皆乐意归投依靠，信受奉行，无有违逆抗拒。

离无义语[①]，而行施故，常富财宝，无能侵夺，言不虚设，人皆敬受，能善方便，断诸疑惑。

【注释】①无义语：花言巧语，没有真实意义的言语，即是绮语。

【译文】修学佛法的菩萨，若能远离无义语，进而修行布施，则能常得财宝丰足，无有能侵犯夺取者。且所言真实不虚，人皆恭敬接受，善巧方便，帮助一切众生断除疑惑障难。

离贪求心，而行施故，常富财宝，无能侵夺，一切所有，悉以慧舍[①]，信解坚固，具大威力[②]。

【注释】①慧舍：慧是智慧，舍是放下。唯有真智慧者才能彻底放下。
②威力：威德与道力，即如来果地上的十力、十八不共法与四无所畏。

【译文】修学佛法的菩萨，若能远离贪求心，进而修行布施，则能常得财宝丰足，无有能侵犯夺取者。且能以智慧广修布施，对于佛法的信解更是坚固而不可动摇，所以具有甚大的威德和道力。

离忿怒心，而行施故，常富财宝，无能侵夺，速自成就无碍心智，诸根严好，见皆敬爱。

【译文】修学佛法的菩萨，若能远离忿怒心，进而修行布施，则能常得财宝丰足，无有能侵犯夺取者。且能快速成就无障碍的心智，而使心体得到真正的自由、解脱。至于所得到的身体相貌，则庄严妙好，凡有见者，无不敬爱。

离邪倒心①，而行施故，常富财宝，无能侵夺，恒生正见敬信之家，见佛闻法，供养众僧，常不忘失大菩提心②。

【注释】①邪倒心：邪知邪见，颠倒妄心。

②菩提心：就是求取觉悟成佛的心。蕅益大师说："发愿念佛求生极乐世界，就是发大菩提心。"《大乘起信论》云："直心、深心、大悲心。"净空法师说："真诚、清净、平等、正觉、慈悲。"即是大菩提心。所以念佛人念念不舍真诚清净平等正觉慈悲，念念相应，念佛求生净土，就是圆满的大菩提心。

【译文】修学佛法的菩萨，若能远离邪见和颠倒，进而修行布施，则能常得财宝丰足，无有能侵犯夺取者。且生生世世，生在具有正见，敬信佛法的家庭，常能见佛闻法，供养大众僧宝，培植福田，对于往昔所发之求生净土，上求佛道下化众生的大菩提心，永远不会忘失。

是为大士修菩萨道时①，行十善业，以施庄严②，所获大利如是③。

【注释】①大士：是对菩萨的一种尊称。士是事的意思，指成办上求佛果，下化众生的大事业的人。菩萨道：以修六度万行，上求佛道，下化众生，圆满自利利他，成就佛果之道。

②庄严：装饰、庄美威严的意思，即指生活环境和身相具足无量的美好，没有丝毫的缺陷。

③如是：指菩萨以十善业道为基础，广修布施度所获得的功德利益，就是以上所列举的。

【译文】这就是菩萨修菩萨道的时候，以十善业道为基础，而广修布施度，所获得的最大利益。今人不知勤修十善，因无十善基础，故虽修六度万行，而不具上述之功德利益。

龙王，举要言之。行十善道，以戒庄严故①，能生一切佛法义利②，满足大愿③。

【注释】①戒：即持戒，六度之一。归纳为三种：一、摄律仪戒：佛教导众生不应该做的事，如诸恶莫作。二、摄善法戒：佛教导众生一定要做的事，如众善奉行等。三、饶益有情戒：以利益一切众生为戒，如普度众生。持戒引申为遵纪守法，尊重风俗习惯、道德观念等。

②义利：义是佛法的道理，利是利益、受用。依照佛陀教诲如理如法修行所得的真实利益。

③大愿：上求佛道、下化众生的大心愿，即四弘誓愿。

【译文】世尊又对龙王说，明了以上所讲的功德利益，以下简要说明。修行十善业道的菩萨，若能以清净戒行，庄严自己，便能获得一切佛法的真实义利，并能满足他上求佛道，下化众生的大愿。

忍辱庄严故①,得佛圆音②,具众相好③。

【注释】①忍辱:六度之一。忍受诸侮辱恼害而无恚恨心。分为三类:人为的加害;自然灾害;修行中的种种困难都要忍耐。

②圆音:圆妙之音声,令闻者理解而觉悟宇宙人生之真相。

③相好:指佛的"三十二相、八十种随形好"的相好庄严。

【译文】修行十善业道的菩萨,若能以忍辱行,庄严自己,便能获得诸佛的圆妙音声,具足佛所具足的一切相好。

精进庄严故①,能破魔怨②,入佛法藏。

【注释】①精进:六度之一。精是纯而不杂,一门深入;进,选定方向目标,勇往直前。有三类:一、披甲精进,有大志愿,不畏惧种种难行。二、摄善精进,勤修善法而不厌倦。三、利乐精进,劝化众生,不疲不倦。

②魔怨:魔是指五阴魔、烦恼魔、死魔、天魔四种魔障;怨是怨害。

【译文】修行十善业道的菩萨,若能以精进力,庄严自己,便能降伏魔王怨家、烦恼习气,深入诸佛法藏。

定庄严故①,能生念慧②、惭愧轻安③。

【注释】①定:即禅定,六度之一。就是胸有主宰,专注于一境,不为外境所动摇。

②念慧:五根五力之一,即信、进、念、定、慧。

③惭愧:是两个善心所,惭是对得起自己的良心;愧是对得起社会大

众。轻安：轻松愉快，欢乐安稳。

【译文】修行十善业道的菩萨，若能以禅定功夫，庄严自己，便能生念慧等五根五力、惭、愧、轻安，使身心自在快乐，充满智慧法喜。

慧庄严故[①]，能断一切分别妄见[②]。

【注释】①慧：即智慧，六度之一。就是以智慧庄严自己，便能获得诸法实相，断除一切分别妄想。

【译文】修行十善业道的菩萨，若能以智慧庄严自己，便能获得诸法实相，断除一切分别妄想。

慈庄严故[①]，于诸众生，不起恼害。

【注释】①慈：四无量心之一，与一切众生乐。

【译文】修行十善业道的菩萨，若能进而修习慈无量心，庄严自己，对一切众生，不起恼怒之心，更不忍使众生受到伤害。

悲庄严故[①]，悯诸众生，常不厌舍。

【注释】①悲：四无量心之一，拔一切众生苦。

【译文】修行十善业道的菩萨，若能进而修习悲无量心，庄严自己，对一切众生，常怀怜悯之心，不管众生能否接受教化，他都永不疲厌, 永不舍弃众生。

喜庄严故^①, 见修善者, 心无嫌嫉。

【注释】①喜: 四无量心之一, 欢喜、随喜。

【译文】修行十善业道的菩萨, 若能进而修习喜无量心, 庄严自己, 对于一切众生的善言善行, 绝不嫌弃嫉妒, 而能随喜赞叹。于一切众生的不善行, 心中不落痕迹。

舍庄严故^①, 于顺违境, 无爱恚心。

【注释】①舍: 四无量心之一, 即放下, 内心平等而无分别执着。

【译文】修行十善业道的菩萨, 若以兼修舍无量心, 庄严自己, 对于顺境善缘不生贪爱, 于逆境恶缘不起瞋恚。

四摄庄严故^①, 常勤摄化一切众生。

【注释】①四摄: 菩萨摄受众生的四种方法, 即布施、爱语、利行、同事。布施, 众生乐财则财布施, 乐法则法布施, 令起欢喜心而受教缘熟。爱语, 随众生根性而善言慰喻, 令起欢喜心而受教缘熟。利行, 以身口意善行, 利益众生, 令起欢喜心而受教缘熟。同事, 以法眼观众生根性, 随其所乐而分形示现, 同沾利益, 令起欢喜心而接受圣贤教诲。

【译文】修行十善业道的菩萨, 若能进而修习四摄法, 庄严自己, 便能恒常精勤摄受教化一切众生。

念处庄严故①,善能修习四念处观②。

【注释】①念处:念是能观的智慧,处是所观察的境缘,即用智慧观察一切境缘。

②四念处观:观是对一切万事万物的想法、看法。四念处就是四种对宇宙人生真相正确的看法与想法。一观身不净:父母所生之肉身,内外皆污秽不净。二观受是苦:我们生活在世间,所感受的一切是苦,没有真实之乐。三观心无常:妄心妄念无常,前念灭后念生,刹那不住,虚妄无有真实。四观法无我:宇宙间一切万法因缘所生,没有主宰。四念处、四正勤、四神足、五根、五力、七觉支、八正道,共为佛法修学的七个科目,称三十七道品。天台大师又判作藏通别圆四种三十七道品。

【译文】修行十善业道的菩萨,若能进而修习四念处,庄严自己,就能善于修习四念处观法,将心安住于此,才能断除贪、瞋、痴、爱而不放逸。

正勤庄严故①,悉能断除一切不善法②,成一切善法。

【注释】①正勤:指四正勤,一、已生恶法令断;二、未生恶法令不生;三、未生善法令生;四、已生善法令增长。

②不善法:与十善业不相应的是恶法。身造杀盗淫;口造妄语、两舌、绮语、恶口;意造贪瞋痴,皆是恶法。

【译文】修行十善业道的菩萨,若能进而修习四正勤,庄严自己,就能断除一切恶法,而能成就一切善法。

神足庄严故^①，恒令身心轻安快乐。

【注释】①神足：即四神足，又称四如意足。一、欲如意足：身心世界彻底放下，而得自在快乐。二、念如意足：一心正念住于十善、四无量心。于净宗法门，一心住在"阿弥陀佛"上，而得自在。三、进如意足：精进修行，而得法喜充满。四、慧如意足：自性般若智慧现前，而得自在。

【译文】修行十善业道的菩萨，若能进而修习四神足，庄严自己，就能使身心恒常轻安快乐。

五根庄严故^①，深信坚固，精勤匪懈，常无迷妄，寂然调顺^②，断诸烦恼。

【注释】①五根：根如同植物有根，能生长开花结果，比喻修行有此五根，能成就一切善法功德。一、信根，相信佛所说的一切法真实不虚，这是五根的总根。二、进根，也称勤根，勇猛勤恳，修诸善法，精进不退。三、念根，念念为众生离苦得乐，念念为正法久住世间。四、定根，心定在菩提道上，绝不动摇。五、慧根，具足智慧，准确鉴别是非善恶邪正。

②寂然调顺：心地清净，清净心自然产生调顺的作用。调是调和，自受用，顺是随顺，他受用。

【译文】修行十善业道的菩萨，若能进而修习五根，庄严自己，则能对佛陀教诲，具有坚固不移的信心，因此能勇猛精进而不懈怠。于诸善法心常明了而不迷惑忘失，身心寂静安祥，柔和调顺，不起贪嗔痴慢疑等烦恼。

力庄严故①，众怨尽灭②，无能坏者。

【注释】①力：五力，由五根而产生的五种力量，即信力、进力、念力、定力、慧力。信力，信根增长，能破除一切邪信疑惑；精进力，精进根增长，能破除一切恶业及懈怠；念力，念根增长，能破除一切邪念；定力，定根增长，于一切境缘中，不为情欲迷惑等烦恼所动摇；慧力，慧根增长，能破除三界内的疑惑烦恼而达解脱。

②怨：指懈怠、懒散、怀疑、昏沉、失念、愚迷等烦恼。

【译文】修行十善业道的菩萨，若能进而修习五力，庄严自己，就能断除一切怨业烦恼，没有任何力量可以破坏他的道心。

觉支庄严故①，常善觉悟一切诸法。

【注释】①觉支：即七觉支，又称七菩提分法。一、念觉支，心昏沉时，用择、进、喜三法提起精神；心浮躁时用轻安、定、舍三法收摄心念，时刻观照心念，令其定慧均等。二、择法觉支，依智慧选择真法，舍弃虚伪法。三、精进觉支，修学佛法时，善能觉了正行和不正行，不谬行也不做无益的苦行，于正行精勤而不懈怠。四、喜觉支，心得法喜时，善于明了，不随喜颠倒之法。五、轻安觉支，除去身心粗重烦恼而得轻安快乐。六、定觉支，善能觉了定中之种种境界虚假不生见爱，摄心一处而不散乱。七、舍觉支，舍一切虚妄之行，而心无偏颇行于正道。

【译文】修行十善业道的菩萨，若能进而修习七觉支，庄严自己，则能常常善于觉悟明了一切诸法。

正道庄严故①，得正智慧，常现在前。

【注释】①正道：即八正道。一、正见，对宇宙人生万事万物的正确看法。二、正思惟，正确的思想，昼夜常念善法、思惟善法、观察善法。三、正语，口业清净，言语充满真善美慧。四、正业，完全是利益众生、利益社会的正当事业。五、正精进，具足正知正见，向正确的目标、方向勤修精进，永不退转。六、正定，心安住于十善业道上，安住于佛号上，决不动摇或改变。七、正念，心念正道，念念善行，无有失念。八、正命，知足常乐，随顺圣教，并以正当行业谋生。

【译文】修行十善业道的菩萨，若能进而修习八正道，庄严自己，就能得到真实智慧恒常现前。

止庄严故①，悉能涤除一切结使②。

【注释】①止：止息一切想念与思虑，使心专注一境。
②结使：结与使都是烦恼的别名，即见思烦恼、尘沙烦恼、无明烦恼。烦恼能系缚身心，结成苦果，所以称为"结"；能使众生沉沦于生死苦海，又称为"使"。

【译文】修行十善业道的菩萨，若能进而修习止的功夫，庄严自己，就能断除一切烦恼的缠缚。

观①庄严故，能如实知，诸法自性。

【注释】①观：以智慧观照自己的起心动念处。止观是圆融一体的，止中有观, 观中有止。止观亦称定慧, 止为定, 观为慧, 止观是佛法修行的总纲领。

【译文】修行十善业道的菩萨, 若进而修习观的功夫, 庄严自己, 则能如实了知宇宙人生的真实相。

方便庄严故^①, 速得成满, 为无为乐^②。

【注释】①方便: 方是方法, 便是便宜。如在现前(此时此处), 对人对事对物最适当的方法。

②为无为: 为是有为, 是世间法。无为是出世间法。

【译文】修行十善业道的菩萨, 若进而修习方便法, 庄严自己, 则能迅速成就圆满的世出世间法, 得真实究竟永恒之喜乐。

龙王, 当知此十善业。乃至能令十力^①、无畏^②、十八不共^③, 一切佛法, 皆得圆满。是故汝等应勤修学。

【注释】①十力: 佛所具有的威德能力无量无边, 约归纳为十种。一、是处非处智力, 于一切众生的因缘果报能如实了知, 如作善业, 即知定得乐报, 称为知是处; 若作恶业, 得受乐报无有是处, 称为知非处。如是种种因缘果报, 佛皆能知悉。二、业智力, 即能知一切众生三世的业因果报的智力。三、定智力, 即能知各种禅定及解脱三昧浅深次第的智力。四、根智力, 即能知众生根性的胜劣与得果大小的智力。五、欲智力, 即能普遍知悉一切众生的种种欲乐善恶。六、界智力, 即能普知世间一切众生的种种妄想分别。七、至处道智力, 即能知世出世间种种道门修学的结果。八、宿命智力, 知道一切众生，生生世世的因缘果报。九、天眼智力，能以天眼见众生生死及善恶业缘而无障碍的智力。十、漏尽智力，即于一切妄惑习气，永断不生。

②无畏：即四无畏，一、一切智无所畏，佛是一切正智者，证得究竟圆满的智慧，对世出世间一切法悉知明了，故对教化大众无所畏惧。二、漏尽无所畏，佛将见思、尘沙、无明烦恼悉皆断尽，而无所畏惧。三、说障道无所畏，讲经说法教化众生中，对于障碍正道传播的业因果报悉知明了，并对任何非难皆无所畏惧。四、说尽苦道无所畏，为众生宣说出离之道而无所怖畏。

③十八不共：一、身无失。二、口无失。三、意无失。四、无不定心。指如来果地的定境永远处在清净寂灭的大定中。五、无异想，佛于一切众生平等普度，心无简择。六、无不知已舍心，于世出世法悉皆舍离而不执着。七、欲无减，佛具众善，常欲度诸众生，心无厌足。八、精进无减，佛之身心精进满足，为度众生恒行种种方便，无有休息。九、念无减，三世诸佛之法、一切智慧，相应满足，无有退转。十、慧无减，指佛具一切智慧，又三世之智慧无碍故，于慧无缺减。十一、解脱无减，佛远离一切执着，一切烦恼之习悉尽无余，即于解脱无缺减。十二、解脱知见无减，指佛于一切解脱中，知见明了，分别无碍，是名解脱知见无减。十三、一切身业随智慧行。十四、一切口业随智慧行。十五、一切意业随智慧行。以上三项，乃佛造作身、口、意三业时，先观察得失，后随智慧而行，故无过失，皆能利益众生。十六、智慧知过去世无碍。十七、智慧知现在世无碍。十八、智慧知未来世无碍。

【译文】佛又对龙王说，你应当知道这十善业道，乃至能够使如来果地上十种特殊的能力，四无畏、十八不共法，一切佛法都能得以圆满成就，所以你们应当精进修学。

龙王，譬如一切城邑聚落，皆依大地而得安住，一切药草卉木丛林，亦皆依地而得生长。此十善道，亦复如是。一切人天，依之而立。一切声闻，独觉菩提，诸菩萨行①，一切佛法，咸共依此十善大地，而得成就。

【注释】①诸菩萨行：即四摄、六度等，自行化他，圆成佛果的大行。

【译文】佛又对龙王说，比如一切城市村落，皆要依靠大地为基础方能建立，一切药草花卉树木丛林，也要依凭大地才得生长。这十善业道就像大地一样，一切人间、天上的众生，皆依靠十善业道而得此身，一切声闻、缘觉、辟支佛及各种菩萨行，一切佛法究竟圆满的大道，皆依此十善大地，方能得到成就。

流通分

【题解】流通分是佛经正文的结尾，在佛经教义陈述完结后，还要让佛经在世间流传，进而传于后世，以便利益众生，所以，佛经的结语一般被称为流通分。

所谓"流通"，是指佛法像水一样往四处流动。譬如佛法从印度传入中国，就叫流通到中国。总而言之，佛法传到某地，就叫流通到某地。在许多寺院，都有供僧众交流佛经的地方，这些地方一般也被命名为佛经流通处。在佛经中，流通分大多是赞颂佛法的功德，说明修行的利益，也有的是与其他法门进行比较，赞叹佛经的独一无二，从而引起信众的兴趣。

流通分的基本形式大多是"大众闻佛所说，皆大欢喜，信受奉行"，意思是大家在听了佛陀的说法后，内心无比欢喜，恭敬地接受了佛陀的教诲，并发愿依照佛陀的教导而修行。

佛说此经已，娑竭罗龙王及诸大众，一切世间天人阿修罗等，皆大欢喜，信受奉行。

【译文】佛说完这部一切大小乘显密宗教，一切佛法修学入门根基的一部最重要的经典，娑竭罗龙王以及在座的所有大众，一切世间天人阿修罗等众，都十分欢喜，并且真正的相信、接受，切实依照本经的教诲修行。

谦德国学文库丛书

（已出书目）

弟子规·感应篇·十善业道经

三字经·百家姓·千字文·德育启蒙

千家诗

幼学琼林

龙文鞭影

女四书

了凡四训

孝经·女孝经

增广贤文

格言联璧

大学·中庸

论语

孟子

周易

礼记

左传

尚书

诗经

史记

汉书

后汉书

三国志

道德经

庄子

世说新语

墨子

荀子

韩非子

鬼谷子

山海经

孙子兵法·三十六计

素书·黄帝阴符经

近思录

传习录

洗冤集录

颜氏家训

列子

心经·金刚经

六祖坛经

茶经·续茶经

唐诗三百首

宋词三百首

元曲三百首

小窗幽记

菜根谭

围炉夜话

呻吟语

人间词话

古文观止

黄帝内经

五种遗规

一梦漫言

楚辞

说文解字

资治通鉴

智囊全集

酉阳杂俎

商君书

读书录

战国策

吕氏春秋

淮南子

营造法式

韩诗外传

长短经

虞初新志

迪吉录

浮生六记

文心雕龙

幽梦影

东京梦华录

阅微草堂笔记